복지국가의 미래
-덴마크와 스웨덴의 고민

전용덕(田溶德)

1952년 대구에서 출생했다. 고려대학교 경제학과를 졸업하고 미국 오하이오 주립대학교에서 경제학 박사학위를 받았다. 자유기업원(현 자유경제원)과 전경련 자문위원을 역임했고, 자유경제출판문화상(제3회, 제6회, 제10회)을 수상했으며, 현재 대구대학교 무역학과 교수로 재직 중이다. 한국 하이에크 소사이어티 회원으로, 자유주의 철학과 자유시장 경제에 관한 연구, 강의, 발표 등에 관심과 노력을 쏟고 있다.

주요 저서와 논문으로는 『헌법재판소 판례 연구』(공저), 『권리, 시장, 정부』, 『방송과 시장경제』(공저), 『국제 금융위기와 신자유주의』, 『정책실패와 국제금융위기』(공저), 「오스트리아학파의 경기변동이론과 화폐 · 금융제도」, 「Land Reform, Income Redistribution, and Agricultural Production in Korea」(공저), 「Gresham's Law in the Late Chosun Korea」(공저), 「Conglomerates and Economic Calculation」(공저), 「A Note on Cartels」 등이 있다. 역서로는 『인간, 경제, 국가』(머레이 라스바드 저, 공역), 『자유주의로의 초대』(데이비드 보아즈 저, 공역) 등이 있다.

복지국가의 미래-덴마크와 스웨덴의 고민

2013년 2월 28일 초판 1쇄 발행
2014년 9월 20일 초판 2쇄 발행

지은이 I 전용덕
펴낸이 I 이찬규
펴낸곳 I 북코리아
등록번호 I 제03-01240호
주소 I 462-807 경기도 성남시 중원구 사기막골로 45번길 14
(우림2차) A동 1007호
전화 I 02)704-7840
팩스 I 02)704-7848
이메일 I sunhaksa@korea.com
홈페이지 I www.북코리아.kr
ISBN I 978-89-6324-298-9(93330)

값 14,000원

• 이 도서의 국립중앙도서관 출판시도서목록(CIP)은 서지정보유통지원시스템 홈페이지(http://seoji.nl.go.kr)와
국가자료공동목록시스템(http://www.nl.go.kr/kolisnet)에서 이용하실 수 있습니다.
(CIP제어번호: CIP2013001149)

이 저서는 대구대학교 교내연구비 지원에 의한 결과물임

복지국가의 미래

-덴마크와 스웨덴의 고민

전용덕 지음

북코리아

머리말

2008년 발발한 세계적 경제위기의 원인으로 신자유주의 또는 자본주의가 지목되고 복지제도 또는 복지국가 체제가 그 대안으로 제시되었다. 복지국가를 지향하는 국가 가운데 명시적으로 또는 묵시적으로 덴마크와 스웨덴이 우리가 모방해야 할 국가로 떠오르고 있다. 두 나라가 복지국가를 지향한 국가 가운데 비교적 성공한 나라로 여겨지기 때문일 것이다. 그런 이유와 다른 이유가 보태져서 시중에는 덴마크와 스웨덴의 복지정책을 찬양하고 선전하는 책으로 가득하다.

그러나 이 책은 덴마크와 스웨덴이 지향해 온 복지국가 체제를 비판적으로 검토한 것이다. 먼저 이번 세계적 수준의 경제위기가 신자유주의 또는 자본주의 때문이라는 분석이 틀린 것이기 때문이다. 직접적으로는 복지제도 또는 복지국가는 간섭주의 또는 사회주의의 다른 이름일 뿐이기 때문이다. 간섭주의와 사회주의는 그 결과가 이론적으로도 '지속가능하지 않을' 뿐 아니라 '현실적으로도' 그렇다. 혹시 우리만 예외가 될 수 있다고 생각한다면 빨리 꿈에서 깨어나야 한다. 간섭주의를 추구한 결과가 얼마나 참담한 것인가는 우리 주변에서도 쉽게 볼 수 있다. 북한을 포함하여 사회주의를 추구한 국가들은 이미 논란의 여지가 없지 않은가?

경제학은 인간의 목적에 대해서는 '주어진'(given) 것으로 간주하고 그 목적을 달성하기 위한 수단을 어떻게 사용하거나 배치할 것인가를 다루는 학문이다. 즉 경제학은 가치중립적(wertfrei) 학문 또는 가치로부터 자유로운(value-free) 학문이다. 경제학의 가치중립성을 지적하는 것은 필자가 이 책에서 "가난한 사람의 복지를 향상시킨다는 것이 좋은 것인가?" 또는 "가난한 사람의 복지를 향상시켜야 하는가?"하는 점에 대해서 논의하고 있는 것이 아니라는 점을 강조하고자 함이다. 앞에서 지적했듯이 그런 의문에 대한 검토나 분석은 경제학의 대상이 아니다. 그렇지만 필자는 이 책에서 빈자를 돕는 일이 가치가 있는 일임을 암묵적으로 가정한다. 그러한 전제 아래 필자는 복지국가 체제를 지향하는 것이 우리의 목적을 달성하기는커녕 문제만 일으키게 될 것임을 지적하고자 하는 것이다. 그리고 그 대안으로서 명시적으로 또는 묵시적으로 자유시장 또는 정부의 간섭이 없는 시장을 제시하고 있다.

경제현상은 '보이는 것'(what is seen)도 있지만 '보이지 않는 것'(what is not seen)이지만 존재하는 것도 있다. 정부가 일정 액수의 세금을 징수하여 일자리를 창출한다고 가정하자. 이 때 징수한 세금 크기의 일자리만큼 경제 내의 다른 부문에서 감소한다. 창출된 일자리는 보이는 것이고 경제 내의 다른 부문에서 감소한 일자리는 '보이지 않지만 존재하는 현상'이다. 보이지 않지만 존재하는 현상을 이해하기 위해서는 경제이론을 정확히 이해하는 것이 선결조건이다. 이론을 정확히 알지 못하면 그런 현상은 볼 수 없기 때문이다. 앞의 예에서 경제 내의 다른 부문에서 감소한 일자리가 바로 그런 것이다. 필자가 이 책에서 이용한 자료와 증거는 모두 문헌이나 기사를 통해 알게 된 것이다. 그런데 그런 문헌이나 기사의 저자가 경제이론에 정통하지 못하면 자료와 증거로 제시된 경제현상은 제한적일 수밖에 없게 된다. 상당수의 저자는 경제학을 전공하지 않았을 뿐 아니라 경제학 전공자마저도 정확한 경제이론을 이해하고 있는지가 의심스러운 경우가 많다. 이 책이 보이지 않지만 존재하는 현상을 놓친 부분이 있을 수 있다는 것이다. 독자들의 이해를 바라는 부분이다.

복지국가 체제를 지향한 덴마크와 스웨덴은 언제나 합의 절차로서 단순 다수결(과반수)에 의한 민주주의를 채택해 왔다. 오늘날 복지제도가 크게 도입된 서양에서도 예외는 아니다. 비록 단순 다수결 민주주의를 채택하지 않은 국가도 있지만 말이다. 우리나라에서도 예외는 아니어서 민주주의, 특히 단순 다수결 민주주의가 지고지선한 것으로 선전되어 왔다. 그러나 민주주의는 여러 가지 종류의 다수결 원리로 운용 가능하다. 단순 다수결 제도는 의사결정에 비용이 적게 들지만 다양한 소수자의 권리가 쉽게 침해될 수 있는 결점이 있다. 어쩌면 권리의 보호라는 측면에서 단순 다수결 제도는 가장 취약한 것이다. 바로 그 이유로 오늘날 복지제도가 많은 나라에서 확산되고 있는 것처럼 보인다. 잘못된 경제분석과 경제이론의 뒷받침을 받고서 말이다.

민주주의에 대한 미제스(Mises)의 경고는 의미심장하다. 즉 "민주주의는 다수의 소망과 계획에 따르는 정치 체제를 보장하지만, 민주주의는 다수가 오류투성이 사상의 희생자로 전락하는 것을 막을 수도 없고, 지향하는 목적을 실현하지 못할 뿐만 아니라 재앙으로 귀결하게 될 부적합한 정책들을 채택하는 것을 막지도 못한다. 다수도 실수를 저지르고 문명을 파괴하기도 한다. 선한 대의가 단지 합리적이거나 편리하다고 해서 승리하는 것은 아니다. 오로지 사람들이 최종적으로 합리적인 정책을 지지하고, 지향하는 궁극적인 목적을 달성할 것 같을 때에만, 비록 형이상학적 의미에서는 행복하지 않다하더라도 문명은 개선될 것이며, 사회와 국가는 인간을 더 만족시켜 줄 것이다. 이 조건이 주어질지 여부는 오로지 미지의 미래에만 드러날 수 있다."(미제스(2011), 385쪽 인용) 우리가 복지제도를 도입하는 경우에 민주주의와 좋은 경제정책에 대한 미제스의 경고를 심각하게 마음에 새겨야 할 것이다.

혹자는 우리나라가 중진국 함정에 빠진 것이라고 지적하면서 성장률 하락을 초래하는 요인으로 세 가지를 지목한다. 그 세 가지란 다음과 같다. 첫째, 과거 성장률이 높을수록 평균성장률로 회귀하는 힘이 강해져서 성장률이 하락하기 쉽다. 둘째, 기술 개발 없이 높은 투자율에 따른 자본 축적에만 기대어 성장해왔다면 이는 한계에 봉착하기 쉽다. 셋째, 고령화의 진전이 경제활동인구를 감소시켜 경제성장률을 하락시킬 가능성을 높인다. 그러나 앞에서 든 세 가지는 정밀한 경제이론에 비추어보면 성장률 하락의 적절한 이유로 지목하기 어렵다. 여기에서 자세하게 비판하지는 못하겠지만 말이다.

경제성장률이 하락하게 된 데는 여러 가지 이유가 있겠지만 그것을 제도적 관점에서 해석하면 간섭주의, 사회주의 등이 너무 많이 제도화되면서 비효율이 커져왔고 그런 비효율이 국내 모든 경제주체들의 엄청난 노력의 결과를 잠식하고 있기 때문이다. 그러므로 우리가 중진국 함정을 벗어나서 국민소득 3~4만 달러를 달성하고자 한다면-그리고 우리나라 국민 대부분이 그 수준의 소득을 간절히 바란다-간섭주의, 사회주의 등을 철폐하는 것만이 유일한 길이다.

복지제도 또는 복지국가 체제를 평가하기 위해서는 복지제도를 제외한 다른 경제정책과 제도도 동시에 검토하는 것이 필요하다. 그러나 필자의 개인 사정으로 덴마크와 스웨덴의 복지제도의 근간만 검토하고 분석했다. 그러므로 두 나라의 복지제도를 제외한 다른 경제정책과 제도에 대한 분석과 평가는 차후의 과제로 남겨둘 수밖에 없다. 독자들의 넓은 이해를 바란다.

끝으로 이 책을 만드는 데 큰 도움을 준 필자의 제자 박현철에게 심심한 감사를 드린다.

대구대 경산 캠퍼스에서

전용덕

CONTENTS

CONTENTS

제1장

복지국가의 미래

1. 왜 덴마크와 스웨덴 복지국가 체제인가?
2. 통계자료, 국민소득의 측정과 비교, 용어의 왜곡
3. 덴마크와 스웨덴의 경제현황 요약

1

왜 덴마크와 스웨덴 복지국가 체제인가?

덴마크와 스웨덴 복지국가(welfare state) 체제가 기초하고 있는 이념은 '평등주의'와 '보편주의'이다.[1] 무엇보다도 복지국가를 지향하는 나라가 추구하는 최고의 가치는 자유가 아니라 '평등'이라는 것이다. 여기에서 평등은 '결과'의 평등이다. 물론 기회의 평등을 위한 정책도 다수가 있음을 부인할 수 없지만 가장 중요한 사항인 소득의 결정을 보면 결과의 평등을 지향하고 있음을 알 수 있다.

두 나라는 평등이라는 가치를 추구하는 수단으로 두 가지 정책을 이용한다. 하나는 완전고용정책이고 다른 하나는 보편적이고도 포괄적인 사회복지정책이다. 완전고용정책은 다시 '동일노동 동일임금' 원칙 또는 연대임금정책과 적극적 노동시장정책을 그 수단으로 하고 있다.[2] 특히 동일노동 동일임금 원칙이 소득의 평등 또는 결과의 평등을 초래하기

1 북부 유럽 국가들의 정치 모델로 '평등주의, 사회민주주의, 특수한 운명 공동체'를 드는 경우도 있다. 특수한 운명 공동체라는 것은 북부 유럽 국가들이 서로 영향을 주고받는 정도가 크다는 것을 의미한다. 이 점은 경제 분석에는 도움이 되겠지만 분리하여 다룰 필요는 없을 것이다. 그러나 북부 유럽 국가들의 역사를 다룰 때는 도움이 될 것으로 여겨진다. 힐슨(2010), 40쪽 참조.

2 동일노동 동일임금 원칙, 연대임금정책, 적극적 노동시장정책 등에 대한 자세한 설명은 뒤에서 하고자 한다.

위한 가장 중요하고도 직접적인 수단이다. 사회복지정책은 연금을 시작으로 각종 복지 혜택을 말하는 것으로 보편주의를 원칙으로 하고 있다.

여기에 덴마크와 스웨덴의 복지국가 체제는 복지제도를 도입하고 있는 다른 나라와 다른 구조적 특징도 몇 가지 지니고 있다.[3] 첫째, 두 나라 복지제도가 곧 복지국가를 의미한다는 것이다. 즉 국가 또는 공공부문이 복지를 제공한다. 그러므로 자원봉사조직, 자선단체, 가족 등이 복지를 맡을 여지가 거의 없다. 실제로 두 나라에서 본격적으로 복지국가 체제가 완성되면서 교회 같은 조직이 자선행위를 하는 일이 크게 감소했다. 게다가 가족을 돌보는 일 같은 순전히 개인적인 일마저도 국가가 담당하거나 깊이 개입하고 있다. 이 점이 복지국가 체제라고 할 수 없는 다른 나라와 다른 것이다.

둘째, 복지 재원을 주로 조세에 의존한다는 것이다. 그 결과 조세부담률 또는 국민부담률이 매우 높다. 그러나 뒤에서 보겠지만 덴마크와 달리 스웨덴은 상당 부분 강제성 보험이나 조세가 아닌 각자의 기여금에 의존하고 있다.

셋째, 두 나라의 복지제도가 맞벌이로 생계를 유지하는 가족 모델의 발전을 초래했다는 것이다. 이것은 여성의 지위와 복지 수급권을 남성의 아내나 어머니로서보다는 독립적 시민으로 보는 이념에 근거해 있다.

정치가들, 미디어 종사자들, 복지 전문가들 등은 복지국가 모델로서 위와 같은 특징을 가진 덴마크와 스웨덴을 이상적인 복지국가로 지목하는 것 같다. 그것은 아마도 두 나라의 복지국가 체제가 평등주의와 보편주의에 입각하여 평등의 실현과 빈곤 타파라는 두 가지 이상을 동시

3 힐슨(2010), 127쪽 참조.

에 실현하고 있는 것처럼 보이기 때문이다. 아래의 〈표 1〉(본 책 26쪽)에서 2010년 현재 국민 1인당 국내 총생산(GDP, PPP기준)은 덴마크는 32,235달러, 스웨덴은 33,771달러이고 소득 불평등은 다른 유럽 국가에 비해 낮다고 주장하는 연구자들을 볼 수 있다.[4] 아마도 그런 이유로 일부 국내 전문가들은 덴마크와 스웨덴을 복지에 관한 한 모델로 삼아야 할 이상적인 국가로 소리 높여 주장해 왔고 일부 국민과 정치가들은 그런 주장을 받아들이는 것처럼 보인다.

그러나 노르웨이, 핀란드, 아이슬란드 등은 북부 유럽 국가에 속하지만 우리의 관심 대상이 아니다. 비록 전문 연구자들은 북부 유럽 국가를 노르딕(Nordic) 국가로 분류하여 한 집단으로 묶어서 연구하고 분석하지만 말이다. 왜냐하면 노르웨이는 원유를 생산하고, 핀란드는 산림자원을 포함한 자연자원을 보유하고 있을 뿐 아니라 노르딕 복지국가로 합류한 역사도 길지 않으며, 아이슬란드는 섬나라라는 특수성이 있기 때문으로 보인다.

덴마크와 스웨덴의 복지국가 체제를 지지하는 전문가들이나 정치가들은 두 나라 체제의 장점만을 본 것이 아닌가? 두 나라 복지정책의 문제점은 무엇인가? 보편적 복지국가의 모범적인 사례로 제시되는 덴마크와 스웨덴은 과연 복지와 성장의 선순환을 가져오는 모델로서 작금의 우리나라같이 복지국가를 지향하겠다고 하는 국가의 모범이 될 수 있는가? 흔히 두 나라의 보편적 복지정책이 두 나라를 부강하게 만들었다고 하는데 과연 그 주장은 얼마나 타당한가? 이 연구에서는 보편적 복지제도의 문제점을 포함하여 복지국가 체제의 근본적 한계 또는 폐해도 검토

4 상당수 연구자가 덴마크와 스웨덴에서 소득 불평등과 빈곤율이 낮다는 것을 보여주고 있다. 예를 들어 Korpi and Palme (1998), Fritzell (2001) 등이 있다.

하고자 한다. 무엇보다도 두 나라 복지국가 체제가 지속 가능한 것인가 하는 의문에 초점을 맞추고자 한다. 이 질문이 무엇보다도 중요하다. 왜냐하면 제도를 한 번 선택하면 이해 집단의 저항 때문에 파국에 이르기 전에 그 제도를 폐지하기가 어렵기 때문이다. 그리고 만약 두 나라 복지제도의 일부나마 채택하고자 한다면 우리가 얻을 수 있는 교훈 또는 시사점은 무엇인가?

본론으로 들어가기 전에 여기에서 먼저 결론부터 내린다면 덴마크와 스웨덴의 복지국가 체제는 지속가능하지 않다는 것이다. 또는 두 나라가 지금보다 더 친(親)자본주의적이었거나 더 친시장적이었다면 그 진로는 지금보다 훨씬 더 나았을 것이라는 점이다. 1970년대, 1990년대, 2008년 이후의 세계적인 경제위기 등에서 두 나라도 비슷한 경제위기를 겪었거나 겪고 있다는 점이 두 나라의 복지국가 체제가 장기적으로 지속가능하지 않다는 점을 뒷받침하는 간접적인 증거이다. 평등을 실현하기 위하여 그들은 너무 많은 것을 잃고 있다. 이 점은 아래에서 하나씩 입증하고자 한다.

최근에는 스웨덴이 1990년대에 먼저 복지제도를 개혁했고 시차를 두고 연이어 덴마크도 자신의 복지체제 일부를 개혁하고 있다. 물론 그 방향은 세금과 국민 부담을 줄이는 방향으로 개혁하는 것, 다른 말로 표현하면 친시장적 또는 친자본주의적 개혁을 해왔다는 것이다. 비록 부분적이지만 말이다. 아래에서 자세히 보겠지만 두 나라 사회의 상당 부문에서 문제점이 누적되어 왔다는 점도 지적하지 않을 수 없다. 여러 차례에 걸쳐서 두 나라는 이미 자신들의 체제가 지속가능하지 않음을 몸소 보여주고 있다고 해도 과언이 아니다. 그럼에도 불구하고 두 나라 복지국가 체제를 찬성하는 전문가들이나 정치가들은 그런 현실을 애써 외면하고 있다고 여겨진다.

2

통계자료, 국민소득 측정과 비교, 용어의 왜곡

두 나라의 통계자료에 내포된 문제를 먼저 이해할 필요가 있다. 스웨덴의 경우에 공식 실업률은 2006년에 6%에 불과하다.[5] 그러나 실제 실업률은 17~20%대에 육박했다.[6] 공식 실업률보다 실제 실업률이 훨씬 높은 것은 장기 병가로 일자리를 떠나 있는 사람을 고용 상태로 처리하는 등, 실업 통계가 제도적으로 조작되었기 때문이다.[7] 실업을 보조하는 지원 제도, 의료 제도, 교육 제도 등이 그런 사람들을 만들어낼 뿐 아니라 취업으로 간주하기 때문이다.

게다가 스웨덴의 청년실업률은 아래의 〈표 3〉(본 책 86쪽)에서 보듯이 2009년 현재 22.6%이고 그 수치는 2005년 25.0%에서 약간 감소한 것이다. 청년실업률은 전체 실업률보다 엄청 높고 유럽에서 거의 최고 수준이다. 그리고 청년실업률에도 앞에서와 동일한 문제가 있는가는 현재

---

5 실업률, 청년실업률 등에 대한 자세한 분석은 아래에서 하고자 한다.

6 임양택(2011), 135쪽, 민경국(2006), 김우택(2007) 참조.

7 우리나라에도 이와 유사한 사례가 있다. 2009년 현재 지난 10년 동안 대학생의 재학기간이 남학생의 경우는 약 10개월, 여학생의 경우는 약 4개월이 길어졌다. 그만큼 실업률이 축소되는 것이다. 안재욱 외(2012) 참조. 2012년 현재 대학 휴학생은 100만 명이 넘는다는 비공식 추계가 있다.

로서는 확인할 방법이 없다.

무엇보다 심각한 것은 우리나라와 서양에서는 실업이 장기간 지속되면서 노동시장 참가를 완전히 포기하는 노동자도 발생하는데 덴마크와 스웨덴에서도 그런 노동자가 없는가는 면밀한 관찰과 분석이 필요하다.

스웨덴에서는 실업자가 되어도 고용훈련 프로그램에 참가하면 사실상 실업자로 간주되지 않는다. 그런데 이런 실업은 경제위기가 발생하면 급격히 증가한다. 실제로 고용훈련 프로그램 참가자가 2008년에 약 7만여 명이던 것이 미국에서 발발한 세계 경제위기가 심화되었던 2009년에 약 12만여 명으로 크게 증가했다.[8] 이런 사실은 불황일수록 전체 실업률과 청년실업률이 과소 측정될 가능성이 크다는 점을 보여준다.

덴마크와 스웨덴의 경우에 공공부문 종사자의 비중이 전체 경제활동인구의 약 1/3 수준이다. 복지국가 체제로 전환되면서 공립 보육원 등이 만들어지면서 공공부문 일자리가 상당수 창출된 것이다. 게다가 일부의 경우에는 정부가 일자리를 제공하기 위하여 공공부문 일자리를 만들어낸 경우도 있는 것처럼 보인다. 고등학교 이하에서 여성 교사가 많은 것은 아마도 그런 이유 때문일 것으로 여겨진다.

흔히 한 나라의 경제성과를 측정할 때 국내총생산, 실업률 등을 주요한 지표로 삼는다. 그러나 국내총생산은 그 유용성에 대해 우리가 조심해야 하는 부분이 있다.[9] 공공부문, 예를 들어 국공립 학교나 사회주의로 운영되는 의료시설 같은 경우에 생산성 측정은 아무런 의미가 없

8 유모토 켄지 외(2011), 162쪽 인용.

9 미제스는 한 국가의 총생산을 계산하는 일은 경제원리라는 관점에서 무의미하다고 지적한다. 여기에서는 그 점을 무시하기로 한다. 미제스(2011), 435쪽 참조.

다. 재산이 국유 또는 공유로 되면서 관련 재화와 생산요소의 가격은 존재하지 않는다. 이 경우에 가격은 정부나 지방자치단체가 임의로 정한 것이다. 실제로 스웨덴에서는 공무원 임금을 공무원노동조합과 사용자인 정부를 대표하는 기구가 협상을 통해 결정한다.[10] 그렇지만 그 임금이 임의적이라는 사실은 변하지 않는다.

구체적인 예를 들어본다. 한국에서 교사의 연봉이나 덴마크나 스웨덴에서 교사의 연봉은 모두 국가가 정한 것이다. 만약 한국에서 초등학교 교사의 초임이 3천만 원이고 덴마크나 스웨덴에서 초등학교 교사의 초임이 4천만 원이라고 가정하자. 그 경우에 두 나라의 교사 간에 생산성에서 그만큼 차이가 난다고 누구도 말할 수 없다. 우연히 그렇게 될 수도 있다. 그러나 두 나라에서 교사의 초임은 순전히 두 나라의 조세의 크기, 즉 정부의 지급능력과 민간 시장에 존재하는 교사의 연봉을 어느 정도 반영하여 결정된 것이다. 한국뿐 아니라 덴마크와 스웨덴, 어디에서도 초등학교는 거의 대부분 국공립이기 때문에 민간 시장에서의 교사의 초임을 알 수 없다.[11] 게다가 앞에서 지적했듯이 스웨덴과 덴마크에서는 공공부문에 종사하는 피고용자는 다른 나라보다 매우 많다.

앞에서 열거한 이유로 국내총생산 지표를 국가 간 비교하는 일이 매우 제한적일 뿐 아니라 복지국가 체제인 두 나라와 그렇지 않은 다른 나라를 비교하는 일은 더더욱 제한적임을 주의할 필요가 있다.

여성의 경우에 스웨덴과 덴마크는 다른 나라에 비해 노동시장 참가율이 상당히 높다. 두 나라의 복지체제 자체가 여성의 노동 참가를 촉

10 협상 과정에 대한 자세한 내용은 신광영(2010) 참조.

11 우리나라에는 전국적으로 사립 초등학교가 몇 개 있다. 그러나 대부분 부모의 소득이 높은 학생을 상대로 하는 학교이기 때문에 비교나 참고의 기준으로 삼을 수 없다.

진하도록 만들어져 있다. 그런데 여성이 노동시장에 참가하면서 여성 자신이 획득하는 임금, 보육원에 아이를 맡김으로써 지불하는 비용 등도 국내총생산에 포함된다. 여성의 노동시장 참가율이 두 나라보다 낮은 나라의 경우에 여성이 가정에서 하는 노동의 가치는 총생산에 포함되지 않는다. 비록 현실적으로 가격이 없지만 주부가 가정에서 노동을 하는 것은 사실이다. 보육원에서 생산하는 서비스도 비슷한 처지이다. 이 경우에 두 나라의 소득과 다른 국가의 소득을 비교하는 일은 의미가 없다.

덴마크와 스웨덴에서 노동조합의 조직률은 세계 어느 나라보다 높다. 두 나라에서 노조 조직률은 70~80%를 오르내린다. 스웨덴에서 공무원인 교사, 경찰, 의사 등의 노동조합 조직률은 90% 수준으로서 민간 노동계보다 더 높다. 그리고 그때 결정되는 임금은 거의 언제나 자유시장에서 결정되는 임금보다 높다. 노동조합 조직률이 낮은 나라와 비교하는 경우에 이 점도 걸림돌이 된다.

앞에서 지적한 이유들로 체제와 제도가 비슷한 북부 유럽 국가 간의 비교는 어느 정도 의미가 있겠지만 북부 유럽 국가들과 다른 나라와 비교하는 일은 정확하지도 않을 뿐 아니라 심지어 무의미하다. 즉 흔히 덴마크와 스웨덴의 경제성과를 다른 유럽 국가와 비교하는 경우를 자주 보지만 그런 일은 잘못된 것이라는 것이다. 그런 잘못된 것을 기준으로 어떤 판단이나 견해를 가지게 되면 그것은 잘못된 것일 가능성이 크다는 점을 지적하지 않을 수 없다.

공자는 일찍이 사람들이 사용하는 말(言語)의 뜻이 왜곡되면 자유를 잃는다고 우리에게 경종을 울린 바 있다. 말의 의미가 왜곡된다는 것은 언어가 원래 가지고 있던 의미가 아닌 다른 의미를 가지게 되는 것을 말한다. 이때 말의 의미를 왜곡시키는 것은 대부분 어떤 의도를 가진 경우가 많고 그 경우에 대부분이 위정자의 의도라는 것이다.

복지제도의 경우에 그런 말은 너무 많아서 일일이 지적하기 쉽지 않다. 예를 들어 사회복지(학) 또는 복지(학)에서는 실업보험 또는 실업수당이라는 용어를 사용하는 것을 자주 본다. 실업보험이라는 용어는 보험금을 수령하는 당사자는 당연히 그 금액을 수령해야 할 권리를 가지는 것이고 그렇게 하기 위해서 누군가 그 금액을 국가나 정부에 바쳐야 한다. 세금을 납부해야 할 사람의 입장에서는 자유를 잃는 것이다. 세금의 납부는 의무이기 때문이다. 공자의 경고처럼 말이다.

실업보험 또는 실업수당이라는 말 대신에 '실업보조금'이라는 용어가 정확한 것이다. 실업자에게 정부가 지원하는 금전은 정확히 표현하면 누군가에게 세금을 징수하여 실업에 처한 누군가를 도와주는 것으로서 가장 흔히 볼 수 있는 보조금의 한 예이다. 그러므로 정확하게 표현하면 실업보험 또는 실업수당이 아니라 실업보조금이다.

실업보험이라는 용어 대신에 실업보조금이라는 용어를 사용하면 보조금으로서의 성격이 명확히 드러나게 된다. 세금을 납부하는 사람은 의무가 없고 그 보조금을 받는 사람도 권리가 없다. 그리고 실업보조금은 경제학에서 흔히 말하는 규제의 일종이고 예외를 제외하면 규제는 많은 폐해를 만들어낸다. 이 점은 아래에서 자세히 다룰 것이다.

다만 여기에서 한 가지 먼저 지적해두어야 할 것은 보조금을 다른 용도로 사용하는 경우가 발생할 수 있다는 점이다. 예를 들어 미국의 경우에 저소득 계층이 식품 보조금으로 복권을 사는 경우이다. 이런 경우가 덴마크와 스웨덴에서도 발생하리라고 예상되지만 자료의 한계로 그런 경우를 많이 찾아내지는 못했다. 더 많은 연구가 필요한 점이다.

실업보조금이라는 말을 쓸 때와 실업보험금이라는 말을 사용할 때가 모든 점에서 너무 다르다는 것을 알 수 있다. 그러므로 우리가 복지국가라는 함정에 빠지지 않고자 한다면 복지와 관련된 용어를 정확하게 사용할 필요가 있다.

이하에서는 실업보험 또는 실업수당을 실업보조금이라는 용어로 표기하고 대괄호로 실업보험금 또는 실업수당이라는 용어를 보조적으로 사용하여 독자에게 발생할지도 모르는 혼란을 방지하고자 한다. 즉 이하에서는 '실업보조금[실업보험]'과 같이 표기하고자 한다.

3

덴마크와 스웨덴의 경제현황 요약

본론으로 넘어가기 전에 덴마크와 스웨덴의 2000년대 경제성과를 간략히 요약하고자 한다. 왜냐하면 이 글의 목적이 두 나라의 복지체제를 평가하는 것이지만 경제의 전체적인 모습을 간략히 알아두는 것이 이 책 전체의 이해에 도움이 될 것이기 때문이다.

2012년 1월 현재 덴마크의 인구는 약 558만 명이고 스웨덴의 인구는 약 948만 명이다. 즉 두 나라 모두 인구라는 관점에서 소국이다. 그리고 두 나라 모두 외국과의 교역과 투자 등에 있어서 매우 개방인 정책을 견지하고 있다. 역사적으로는, 스웨덴은 제2차 세계대전의 피해를 거의 입지 않았을 뿐 아니라 독일에 양질의 철을 포함한 전쟁 물자를 판매함으로써 전후에 다른 나라보다 유리한 위치에 있었다. 덴마크는 독일의 지배를 받았지만 전쟁의 피해를 크게 입지는 않았다는 점에서 스웨덴과 유사하다. 그러나 스웨덴과 달리 전쟁 물자를 파는 일 등이 없었다는 점에서 덴마크는 전후 스웨덴만큼 유리한 위치에 있었다고 볼 수는 없다. 이 점은 제2차 대전 이후에 두 나라의 복지국가 체제의 진로에 영향을 미쳤을 것으로 여겨진다. 왜냐하면 전후의 경제성장은 전쟁기간 동안의 상태 또는 피해의 정도에 상당 부분 영향을 받았을 것이기 때

〈표 1〉 데마크와 스웨덴의 주요 경제통계 [단위: US$(1인당 GDP), %]

국가 / 연도	덴마크			스웨덴		
	1인당 GDP (PPP기준)	경제성장률	물가상승률 (소비자지수)	1인당 GDP (PPP기준)	경제성장률	물가상승률 (소비자지수)
2000	-	3.5	2.6	-	4.5	0.9
2001	-	0.7	2.2	-	1.3	2.2
2002	31,807	0.5	2.2	30,067	2.5	2.1
2003	31,843	0.4	2.0	30,655	2.3	1.9
2004	32,490	2.3	1.1	31,828	4.2	0.3
2005	33,193	2.4	1.8	32,702	3.2	0.5
2006	34,207	3.4	1.9	33,916	4.3	1.4
2007	34,595	1.6	1.7	34,782	3.3	2.2
2008	34,123	-1.1	3.6	34,300	-0.6	3.6
2009	31,960	-5.2	1.4	32,250	-5.3	-0.6
2010	32,235	2.1	2.5	33,771	5.5	1.3

출처 : 1. 경제성장률과 물가상승률: 국가통계포털(kosis)/국제기구회원국별통계/OECD
2. 1인당 GDP(PPP기준)는 세계은행(http://search.worldbank.org/data?qterm=GDP%2C%20PPP&language=EN)

주: 1인당 GDP(PPP기준)는 각국의 물가수준을 기준으로 계산한 것.

문이다.

〈표 1〉에는 1인당 국내총생산, 경제성장률, 물가상승률 등의 통계치가 나와 있다. 2010년 현재 세계은행이 구매력 평가지수로 환산한 1인당 국내총생산은 덴마크는 32,235달러이고 스웨덴은 33,771달러이다.[12] 특기할 만한 사실은 두 나라의 1인당 국내총생산 통계가 2002년 대

12 참고로 세계은행이 구매력 평가지수로 환산한 우리나라 1인당 국내총생산은 2002년에 20,598달러에서 이후 꾸준히 증가하여 2010년에 27,026달러이다. 우리나라가 두 나라와 다른 점은 1인당 국내총생산이 지난 몇 년간 지속적으로 증가했다는 점이다. 그리고 앞에서 지적했듯이 체제가 다른 나라들의 경제성과는 비교에 한계가 있다는 점을 상기할 필요가 있다.

비 2010년에 덴마크는 약 1.3% 증가했고 스웨덴은 약 12.3% 증가했다는 것이다. 지난 8년 동안 덴마크는 제자리걸음을 했고 스웨덴도 소폭의 성장에 그쳤다. 아마도 스웨덴이 덴마크에 비해 1990년대 구조조정을 활발히 했기 때문에 2000년대 경제성과가 달라진 것으로 보인다. 물론 두 나라에서 1인당 국내총생산이 일시적으로 증가했던 적도 있었다. 이 점은 두 나라의 경제성장률이 잘 말해 주고 있다. 2000년대 경제성장률은 덴마크는 2006년(2000년 제외)에 3.4%가 최고이고 스웨덴은 2006년(2010년 제외)에 4.3%가 최고이다. 2008년과 2009년에는 세계경제 위기로 침체를 기록한 해이다.

다행히 두 나라 모두에서 물가는 비교적 안정되어 있는 것으로 보인다. 적어도 2000년대의 소비자지수로 본 물가상승률은 안정되어 있다. 증명하기는 어렵지만 이 점이 두 나라 복지국가 체제를 비록 삐걱거리지만 그나마 존속하게 하는 요인으로 여겨진다. 재화의 가격이 빠르게 상승하는 나라의 경제는 장기적으로 그 성장이 지속되지 않는 경우가 많기 때문이다.

다만 복지국가의 특성상 재화의 가격이 정부의 간섭에 의해 통제되는 경우도 상당수 있기 때문에 물가상승률 통계치는 정확한 현실을 반영하고 있다고 보기 어렵다. 이 점은 추후 심도 있는 연구가 필요한 부분이다. 그 다음으로 중요한 경제통계인 실업률과 정부의 재정적자에 대해서는 해석상의 문제 등이 있기 때문에 아래에서 자세히 다루고자 한다.

제2장

평가를 위한 개념과 이론들

1

자본주의, 사회주의, 간섭주의

복지국가 체제를 평가하기 위한 이론들을 본격적으로 설명하기 전에 먼저 자본주의, 사회주의, 간섭주의 등을 정확히 구분할 필요가 있다. 아래의 분석에서 세 가지 체제는 자주 사용되거나 언급될 뿐 아니라 전문가들마저도 잘못 이해하고 있는 경우가 자주 있기 때문이다.

먼저 자산의 소유권을 민간이 가지고 있고 거래를 위한 계약의 자유를 완전히 인정하는 제도를 자본주의라고 한다. 자본주의를 자유시장(free market) 또는 정부의 간섭이나 방해가 없는 시장(unhampered market)이라고 부르기도 한다. 자유시장에서 민간은 자기 자신의 이익을 위하여 거래에 참여하고 계약한다. 이때 거래조건을 어떻게 할 것인가는 순전히 자신의 이해관계에 따라 결정된다. 그러나 거래 당사자들이 언제나 전지하고 전능한 것이 아니기 때문에 사고나 사기 같은 범죄가 발생할 수 있다. 이런 문제를 해결하기 위하여 법과 질서를 유지하는 일을 누군가가 맡아야 한다. 이런 기능을 누가 맡는가와 상관없이 우리는 그런 기능을 '정부 기능'이라고 지칭할 수 있다.

자본주의 또는 자유시장은 거래 당사자가 자신의 이익을 위하여 행동하기 때문에 거래 당사자 모두가 만족한다. 이 점이 가장 중요하다.

자본주의는 자유기업 체제이기 때문에 경쟁과 효율을 지향하지 않을 수 없다. 그 결과로 어떤 제도보다 경제성과가 좋지 않을 수 없다. 적어도 일반적으로 그렇다는 것이다. 대부분의 경우에 사람들은 경제행위에서 빈곤보다는 풍요를 지향하기 때문이다. 그리고 이때 질서, 평화, 조화 등도 아주 잘 이루어진다. 자유시장이 무질서할 것이라는 주장은 전적으로 틀린 것이다. 물론 질서를 파괴하는 자, 사기꾼 등이 없을 수 없지만 그런 문제를 해결하기 위하여 법과 질서가 존재한다.

그러나 자본주의가 만들어내는 세상이 결코 완전한 것은 아니다. 여기에서 완전하다는 것은 불평등도 빈곤도 없는 그런 세상을 말한다. 자본주의가 만들어내는 세상이 결코 '니르바나'(Nirvana)는 아니지만 우리가 지상에서 만들 수 있는 가장 결점이 적은 세상이다. 다른 제도 또는 체제, 예를 들어 사회주의, 간섭주의 등과 비교하여 그렇다는 것이다. 적어도 '물질적으로는' 그렇다는 것이다.[1] 자본주의는 세상을 풍요롭게 할 뿐 아니라 불평등도 최대한 작게 만든다. 그러므로 빈곤과 불평등을 해결하기 위하여 시행되는 사회주의, 간섭주의 등은 빈곤과 불평등을 오히려 악화시킨다. 사회주의, 간섭주의 등이 없을 때와 비교하여 그렇다는 것이다. 이 점을 미제스(Mises)는 다음과 같이 말했다고 Hülsmann(2003)은 설명하고 있다. "예를 들어, 자본주의에 대한 그(미제스)의 과학적 주장은 두 가지 사실에 본질적으로 의존하고 있다. (1) 분업이 고립된 노동보다 물리적인 점에서 더 생산적이고 (2) 자본주의는 사회주의와 어떤 혼합경제보다 분업을 확대하게 하는데, 왜냐하면 사회주의는 경제계산(economic

---

1 예를 들어, 자본주의가 정신을 황폐하게 만든다고 주장하는 것을 자주 본다. 자본주의는 물질과 관련이 있는 제도이지 '비물질적인' 것과는 관련이 없다. 게다가 자본주의로 풍요해지면 정신적 여유를 가질 수 있다는 점에서 자본주의가 정신을 황폐하게 만든다는 주장은 근거가 없다.

calculation)이 불가능하기 때문이다."[2]

사회주의는 국가가 강제적으로 생산수단을 통제하고 장악하는 체제이다. 다른 말로 하면, 자산을 국가나 공공단체가 소유하고 계약의 자유가 없는 제도이다. 사회주의는 자본주의와 반대 쪽 극한에 있는 제도이다. 사회주의는 시장이 없고, 생산요소의 가격이 없으며, 소비자를 향한 경쟁이 없는 체제이다. 사회주의 아래에서는 경제계산을 할 수 없다. 엄밀하게 말하면, 자본주의를 지향하는 국가에서도 인플레이션이 발생하는 경우에나 공공영역에서는 경제계산이 부정확해진다. 그런 상태나 영역은 사회주의 상태이기 때문이다. 경제계산이 불가능한 이유는 하나의 경제주체가 자원을 소유하거나 그 사용을 지시하기 때문이다. 자원을 국가가 소유하면 그 자원에 대한 거래는 존재하지 않고 그 결과 그 자원과 그 자원을 만들기 위하여 투입된 생산요소들에 대한 가격은 생겨나지 않는다. 다른 말로 하면, 생산요소의 가격 또는 화폐가격이 부재하기 때문에 경제계산을 할 수 없다.

경제계산이 불가능하거나 불합리하면 잘못된 자원배분, 손실, 곤궁 등이 초래된다. 이 점을 미제스는 다음과 지적한다. "화폐가격이 없는 곳에서는, 가능한 한 불편을 해소하려는 인간의 노력에 어떤 종류의 행동이 가장 잘 봉사할 수 있는지 찾아낼 수단이 없다."[3]

현실에서 사회주의 국가가 경제계산에 필요한 가격이라는 정보가 얼마나 필요한가를 고르바초프의 대변인은 다음과 같이 응답했다. "인류에 대한 그(고르바초프)의 희망에 대해 질문을 받았을 때 대변인은 뉴질랜드를 제외하고는 전 세계가 사회주의를 채택하는 것을 보는 것을 희망한

2 Hülsmann (2003), liii쪽에서 인용.

3 미제스(2011), 419쪽 인용

다고 응답했다. 리포터는 '그렇지만 왜 뉴질랜드는 제외하느냐?'라고 물었다. 대변인은 '글쎄요, 우리는 가격들을 가져올 어떤 나라가 필요할 것이다.'라고 대답했다."[4]

경제계산의 불가능으로 인한 폐해가 전 영역으로 확대되면 사회주의 자체가 무너진다.[5] 미제스는 이 점을 다음과 같이 간단명료하게 지적했다. "사회주의는 어떠한 경제계산 방법도 가지고 있지 못하기 때문에, 사회주의는 실현 가능한 사회경제 조직 체제가 아니다."[6]

덴마크와 스웨덴에서 보편주의를 취하고 있는 교육과 보육, 의료, 연금 등이 사회주의이고 바로 그 이유로 그런 영역에서는 여러 가지 문제가 발생하고 있다. 그리고 스웨덴에서는 주택을 지을 때 사용하는 국·공유 토지와 관련된 부분은 사회주의이다. 자본주의 국가라 지칭되는 국가에서도 공공부문 또는 국·공유 자원은 사회주의이다.

간섭주의란 자산의 소유권은 민간이 보유하고 있지만 그 사용과 이용에 대해 국가나 공공단체의 통제나 간섭이 있는 제도를 말한다. 오늘날 자본주의 국가라 일컬어지는 곳에서도 간섭주의는 인간의 경제 행위에 광범위하게 영향을 미치고 있다. 가격규제, 수량규제, 각종 보조금 등이 모두 간섭주의의 일종이다. 정부의 간섭이 기업이나 개인의 생산 활동에 영향을 미치면, 정확히는 제품통제(product control)가 행해지면 우리는 그것을 독점(monopoly)이라고 정의한다. 독점은 각종 폐해를 만들어낸다.[7] 그러나 자세한 설명은 생략한다.

---

4 Gallahan (2004), 170쪽에서 재인용.

5 미제스는 사회주의가 경제계산이 불가능하기 때문에 무너질 수밖에 없다는 점을 처음으로 이론적으로 설명했다. 이 점에 대한 자세한 설명은 Mises (1996), 제25~26장 참조.

6 미제스(2011), 1319쪽 인용.

7 독점의 폐해에 대한 자세한 설명은 Rothbard (1993) 참조.

복지국가는 복지라는 이름으로 엄청나고 많은 종류의 보조금을 포함한 규제를 실행하고 있다. 덴마크와 스웨덴의 경우에 기업정책, 노동정책 등에서 간섭주의가 심하다고 할 수 있다. 제4장에서는 기업정책, 노동정책 등도 간섭주의 원칙으로 현상을 분석하고자 한다. 다른 한편, 앞에서 말한 교육 · 의료 등도 간섭주의 원리를 원용하여 현재 발생하고 있는 폐해를 분석하고자 한다. 그리고 간섭주의가 중첩되면 사회주의와 거의 유사한 결과를 초래한다는 점에서 간섭주의의 극단과 사회주의의 극단은 큰 차이가 없다.

앞에서 설명한 세 종류의 제도 중에서 가장 최선은 물론 자본주의이다. 그러나 현실에서는 지구상의 어떤 국가도 완전한 자본주의, 완전한 사회주의, 완전한 간섭주의를 실시하고 있지 않다. 완전한 사회주의와 완전한 간섭주의는 그 폐해 때문에 장기적으로 지속가능하지 않기 때문이다. 자본주의도 완전하게 실현된 적이 없다. 그렇게 되면 정부가 시장에서 해야 할 역할이 너무 적어지고 작아지기 때문이다. 작은 정부를 실현하는 것이 어려운 것은 그것이 정치가, 관료, 이익집단 등의 이익에 대부분 배치되기 때문이다. 그리고 특히 화폐제도와 금융제도는 미국을 포함한 전 세계 대부분의 국가에서 정부의 통제 아래에 있기 때문에 반자본주의적인 것이고 바로 그 이유로 전 세계에서 반복적으로 경제위기가 발생하고 있다.[8]

어떤 나라가 얼마나 자본주의를 실현하고가 있는가 하는 질문은 적절하지 못하다. 현실의 모든 나라가 자본주의, 사회주의, 간섭주의가

8 최근 미국에서 발발한 세계적인 경제위기가 화폐제도와 금융제도에 내포된 반자본주의적인 요인 때문에 발생했다는 점에 대한 자세한 설명은 전용덕(2009a, 2009b) 참조. 더 자세한 내용은 Mises (1980) 참조.

혼재되어 있기 때문이다. 덴마크와 스웨덴의 복지국가 체제는 자본주의의 비중이 작고 간섭주의와 사회주의의 비중이 높다.[9] 우리나라는 현재는 복지국가 체제를 지향하고 있다고 볼 수 없지만 상당한 복지정책을 시행하고 있고, 간섭주의가 누적되어 있으며, 정부 부처와 공기업에서 보듯이 상당부분은 사회주의이다. 그러므로 어느 나라가 "더 자본주의적인가, 더 사회주의적인가, 더 간섭주의적인가?"하는 질문은 일목요연하게 대답할 수 있는 것이 아니다. 다만 좀 더 구체적으로 "어떤 부문 또는 어떤 산업이 얼마나 자본주의적인가, 사회주의적인가, 간섭주의적인가?"하는 질문은 가능하다. 다른 말로 하면 한 나라 경제 전체를 어느 하나의 제도나 체제로 분류하기는 어렵다는 것이다. 자본주의적 요소, 사회주의적 요소, 간섭주의적 요소 등을 계량화하기 어렵기 때문이다.

그러나 많은 사람이 어떤 나라는 자본주의 국가이고 다른 나라는 사회주의 국가라고 분류하는 것을 볼 수 있다. 그러나 이런 분류나 주장은 전적으로 틀린 것이다. 제도를 계량화하는 일이 어렵기 때문에 이론적으로 국가 간 경제성과를 미리 예측하는 일은 가능하지 않다. 한 나라에는 세 가지 체제가 예외 없이 혼재하기 때문이다. 바로 그 이유로 두 나라 간 경제성과를 비교하는 일도 쉽지 않다. 그러나 예를 들어, 전체 국가가 대부분 사회주의를 채택하고 있는 북한은 북한보다 더 많은 자본주의를 채택하고 있는 남한보다 확실히 경제성과가 나쁠 것이라고 예측할 수 있고 실제로도 그렇다.

덴마크와 스웨덴의 경우에 교육, 의료 등은 사회주의이면서 보조

9 두 나라가 생산성이 나쁜 기업이 시장에서 도태되는 것을 당연시 여긴다는 점에서 엄격한 자본주의 경제 원리가 관철된다고 주장하는 것은 매우 근시안적일 뿐 아니라 틀린 주장이다. 유모토 켄지 외(2011), 25쪽 참조.

금이라는 규제가 추가된 상황이다. 두 나라의 노동시장은 다른 어떤 나라보다 간섭주의가 심하다. 한국의 경우에 교육은 재산의 소유라는 점에서 사립학교가 고등학교 수준과 대학교 수준에서 일부 존재하지만 정부의 규제가 엄청나게 많다. 한국 노동시장의 경우에 노조조직률이 낮지만 영향력이 큰 몇 개의 대기업에서 강력한 노동조합이 존재하고 있기 때문에 국가적 차원에서 간섭주의의 영향력은 작지 않아 보인다. 적어도 미국처럼 노동조합의 국가적 영향력이 크게 쇠퇴한 나라와 비교하면 그렇다는 것이다. 그러나 미국의 GM에서는 아직도 노동조합의 영향력이 강력하다. 즉 미국에서도 노동조합이 개별 기업에 미치는 영향력이 작지 않은 경우도 있다는 것이다.

사회주의 또는 간섭주의에 대한 연구의 어려움은 그 폐해를 관찰하기가 어렵다는 점이다. 그리고 관찰된 폐해마저도 그 인과관계를 입증하는 것이 매우 어렵다. 사회주의 또는 간섭주의가 많은 폐해를 만들어낼 것이라는 점을 이론으로 이해하고 있는 관찰자만이 그 폐해를 파악하고 인과관계를 입증하는 일이 상대적으로 쉬울 것이다. 그런데 필자가 참고한 많은 문헌의 연구자들은 사회주의 또는 간섭주의의 폐해를 먼저 이론적으로 이해하고 있다고 보기 어렵다. 그런 문헌에 의존할 수밖에 없는 필자로서는 사회주의 또는 간섭주의의 폐해를 실제보다 축소하여 볼 수밖에 없는 근본적인 한계를 인정하지 않을 수 없다. 그리고 훌륭한 언론기관이 있을 때가 그렇지 않을 때보다 사회주의 또는 간섭주의의 폐해가 폭로될 가능성이 크다. 그러나 불행히도 필자는 두 나라에서 언론이 사회의 비리와 폐해를 드러내는 데 어느 정도의 역할을 하고 있는지 알 수 없다. 이 점도 이 연구의 한계라고 하겠다.

일부 연구자는 스웨덴이나 덴마크의 경제체제를 조정된 시장경제(coordinated market economy) 또는 조직화된 자본주의(organized capitalism)의 전

형적인 사례라고 분류하고 있다.[10] 두 나라의 경제체제가 자본주의이면서 노동자들과 기업가들의 이해관계가 잘 조직화되고 협상과 조정을 통해 관리되고 있다는 것이다. 이것은 앞에서 서술한 세 가지 체제를 잘못 이해한 것이다. 아래에서 보겠지만 두 나라에서 기업가들과 노동자들의 관계는 간섭주의의 전형이라고 하겠다. 그리고 두 나라는 자본주의보다는 사회주의와 간섭주의가 지배적인 나라이다. 조직화된 자본주의라는 잘못된 개념에 의존하여 스웨덴 공공부문 임금결정을 분석한 신광영(2010)과 유사한 관점에서 덴마크의 노사관계에 초점을 맞춘 김인춘(2007)의 분석과 김인춘에 포함된 참고문헌은 대부분 잘못된 것이다.

10 Lash and Urry (1987), 참조.

2

복지국가 체제 발달의 원인: 간섭주의

모든 국민의 복지실현을 국가의 책임으로 받아들이는 사회를 복지국가라고 할 때 복지국가 체제 발달의 계기가 된 사건은 1880년대 독일이 일련의 사회보험제도를 제정한 일이다.[11] 고전적 자유주의 사상에 의해 잉태된 자본주의는 산업혁명을 초래했고 산업혁명은 그때까지 비참한 삶을 살았던 사람들의 물질적 삶을 크게 개선했다. 그러나 산업혁명 이후 지금까지 자본주의는 지구 어느 곳에서도 한 번도 완전히 실현된 적이 없었을 뿐 아니라 정부가 여러 가지 구실을 붙여서 자유시장의 작동을 방해해왔다. 여기에는 언제나 관변 학자들도 한 몫을 해왔다. 문제는 정부의 간섭주의 또는 반자본주의 정책은 많은 부작용을 초래하지 않을 수 없다는 점이다. 빈곤, 소득의 불평등 등이 바로 그런 문제이다. 그러므로 사회복지정책 또는 복지국가가 등장한 것은 자본주의의 모순 때문이라는 사회복지 또는 복지국가를 지지하는 다수의 학자나 전문가의 지적은 전적으로 틀린 것이다.[12]

11 김태성·성경륭(2004), 83쪽 참조.

12 예를 들어, 김태성·성경륭(2004) 등이 있다.

정부의 각종 간섭주의 또는 반자본주의 정책의 폐해가 발생할 때면 국가에 의한 복지를 주장하는 사람들은 거의 언제나 그 폐해가 자본주의 때문에 발생한다고 주장한다. 2008년에 미국에서 발생한 세계적인 경제위기가 그 예라고 그들은 주장한다.[13]

그러나 2003~2004년 시점에 미국 연방준비은행이 통화 공급을 증가시켜 이자율을 인위적으로 낮춤에 따라 경제위기가 발생했던 2008년 시점까지 미국을 포함한 전 세계에는 달러가 너무 많이 공급되었다.[14] 그러므로 2008년 세계적인 경기변동은 화폐제도와 금융제도에 관한 정부의 간섭주의 정책의 결과이다.

그러나 이번 위기가 자본주의 때문이라는 견해가 지배적이 되었고 그에 따라 복지에 대한 요구가 힘을 얻고 있다. 미국에서 오바마 대통령이 의료보험제도를 개혁한다고 제출한 프로그램이나 한국에서 소득 양극화를 사회 문제로 지적하고 그에 따라 복지 프로그램을 강화해야 한다는 목소리의 근저에는, 명시적으로 또는 묵시적으로 이번 경제위기가 자본주의 때문이라는 반자본주의 또는 간섭주의 논리가 깔려 있다.

요약하면 경제위기를 포함한 사회 내에 발생하는 각종 폐해나 문제점은 거의 언제나 정부의 간섭주의적 또는 반자본주의적 정책의 결과이다.

---

13 2008년의 경제위기가 신자유주의 때문이라는 주장에 대한 반박으로는 전용덕(2009b) 등이 있다.

14 경제위기의 발생 원인에 대한 문헌으로는 전용덕·김학수(2009)가 있다. 경기변동이론과 화폐제도와 금융제도에 관한 이론으로는 Mises (1980)가 있다. 국내 문헌으로는 전용덕(2009)이 있다.

3

복지원리 대 시장원리[15]

(1) 빈곤과 자선

본격적인 산업화 이전 시대, 즉 농경 위주의 시대에는 사람의 운명은 어느 정도의 토지를 소유하느냐에 달려있었다. 그리고 대부분의 경우에 토지의 소유는 상속에 의해 결정된다. 문제는 세월이 흐르면서 인구가 증가하게 되면 상속된 토지는 결국 너무 작아지고 그 토지로는 그들 가족의 생계를 유지할 수 없게 된다는 점이다. 광활한 영토를 지배했던 청나라가 아주 좋은 역사적 사례이다. 당시 일부 특권 계층을 제외하고 대부분의 인민은 상속받은 토지가 적었기 때문에 거지나 다름없는 비참한 삶을 살았다.

왕과 왕조들은 일부 특권층에게 부의 원천인 토지 소유가 집중되는 것을 막기 위하여 토지 개혁을 단행하지만 다수의 인민, 특히 농업에 종사하는 인민의 삶은 좀처럼 개선되지 않았다. 인구의 증가로 1인당 또

15 이 부분의 일부는 전용덕(2011)의 일부를 발췌하여 수정하였다. 기타 자세한 사항은 Mises (1996)를 참조.

는 1가족당 토지 소유 면적이 무한정 작아지면서 생계를 유지하는 일이 어려웠기 때문이다. 이런 환경에서 큰 자연재해가 발생하면 그들의 삶은 생사의 기로에 서게 될 수밖에 없었다.

그러나 서양에서 자본주의의 발흥으로 산업화가 진전되면서 농촌의 유휴인력을 임금소득자로 전환시켰다. 정부의 간섭이 없는 자유시장 경제에서는 고소득자들과 저소득자들이 공존하게 된다. 그러나 정규적인 일자리를 찾지 못하는 사람, 즉 실업자는 없게 된다. 이제 농경시대에서의 빈곤과 같은 의미를 지닌 빈곤은 없다.

그러나 산업화가 진전되면서 정치가나 관료를 포함하는 인간들은 제도를 개선 또는 개혁한다는 이유로 시장에 많은 간섭을 시행해왔고 그 결과 임시직, 파트타임 고용, 파견직과 같은 비정규적인 일자리가 증가하였다. 경제에 대한 정부의 통제와 간섭이 누적되면 영구적 실업 또는 반영구적 실업도 발생한다. 그 결과 농경시대 같은 가난한 사람은 없게 되었지만 여전히 노동자의 소득과 경제적인 지위는 불안하였다. 이렇게 임금으로 생활하는 노동자의 소득이 낮아지고 불안정해진 것은 정부가 시장의 작동에 간섭하여 상당 부문을 자유시장이 아닌 시장으로 만들고 경제의 일부를 정부의 간섭을 받는 시장으로 만들었기 때문이다. 이 점에 대한 더 자세한 설명은 이 절의 끝 부분에서 하고자 한다. 이 절에서는 자유시장 경제라는 가정 아래에서 설명하고자 한다.

그러나 선천적인 무능력자, 질병이나 사고에 의한 무능력자 등은 자본주의적 생산에 의해 해결할 수 있는 것이 아니다. 이러한 종류의 빈곤은 자선으로 해결하지 않을 수 없다. 여기에서 빈곤과 자선의 관계를 알아보기로 한다.[16] 구체적으로, 자선은 빈곤을 해결할 수 있는가? 이 문

16 이 부분은 전적으로 Rothbard (1970) 참조.

제를 풀기 위해서는 현실에서 자선이라 일컬어지는 것에는 순수한 의미의 자선 즉, '자발적 자선'과 '강요된 자선'이 있는데 그 둘을 구분할 필요가 있다.

자발적 자선이란 타인을 위하여 자발적으로 봉사하거나 기부하는 행위를 말한다. 우리가 흔히 자선이라고 말할 때 그 자선은 자발적인 자선을 지칭한다. 강요된 자선이란 정부가 세금의 예에서 보듯이 강압과 폭력으로 민간에게서 자원을 징수하여 소위 가난한 사람들을 돕는 것을 말한다. 강요된 자선이란 진정한 의미에서 자선이 아니다. 그런 자선은 많은 문제를 유발한다. 자선이 빈곤을 해결할 수 있는가하는 질문은 이제 두 종류의 자선이 빈곤을 어떻게 해결하는가 또는 빈곤을 해결할 수 있는가하는 의문으로 환원된다.

먼저 순수한 의미의 자선이 빈곤을 어떻게 해결하는가를 보기로 한다. 정부는 일자리를 창출할 수 없고 오히려 일자리를 줄인다. 이 점에 대한 자세한 설명은 쉽지 않다. 여기에서는 요점만 간략히 설명하고자 한다. 정부는 자원을 창출할 수 없고 언제나 민간으로부터 자원을 이전한다. 그 때문에 정부에서 일자리가 증가하는 대신에 통상적으로 민간에서는 일자리가 그에 비례하여 감소한다. 다른 한편 정부는 세금을 징수하는 데 비용을 쓸 뿐 아니라 민간은 세금을 적게 내기 위한 노력을 하거나 세금이 너무 증대하면 노동시간이나 부를 창출하기 위한 노력을 줄이게 된다. 결과적으로 정부에 의한 일자리의 순증은 없거나 오히려 일자리는 감소하게 된다.[17]

모든 부문에서 정부의 역할이 줄어들어 세금을 최대한 적게 징수하고 그에 따라 정부의 지출을 최대한 적게 하면 민간의 일자리는 최대

17 이 점에 대한 자세한 설명은 Mises (1996) 참조.

한 증가한다. 이러한 상태에서는 비록 가난한 사람들이라도 자신의 힘으로 소득을 얻고 그 소득으로 자신의 생명과 재산을 보호하고 유지한다. 물론 예상되는 큰 일, 예를 들어 '관혼상제' 같은 일을 대비하여 개인들은 '계', '부조' 같은 상부상조 행위를 한다. 또는 자동차 사고, 질병 같은 재난은 보험을 통해 스스로 대비할 수 있다.

천재지변과 같은 일은 어떻게 대비하는가? 천재지변은 완전히 예상할 수 없는 일인가? 사실 천재지변은 전적으로 예상할 수 없는 경우도 있고 예상할 수 있는 경우도 있다. 비를 피하기 위하여 어떤 집의 처마 밑에 서 있다가 우연히 낙뢰를 맞았다면 그것은 전적으로 예상할 수 없는 일이다. 그러나 우박의 피해가 비교적 자주 일어나는 지역에서 농사를 짓는 농부는 우박의 피해를 예상할 수 있고 좀 더 튼튼한 비닐하우스를 만드는 방법 등으로 그에 대비할 수도 있다.

사실 인간은 자연재해를 잘 예상할 수는 없지만 그에 대한 대비를 할 수는 있다. 인간은 미래의 불확실성을 대비하여 언제나 소득의 일부를 비축해 둘 수 있고 또 그렇게 해왔다.

그러나 아주 우연히도 우리가 전혀 예상하지 못한 일이 일어난다면 어떻게 하겠는가? 예를 들어, 여러 번의 사고로 각종 보험금은 소진되었고 비축해둔 재산과 예비비가 모두 고갈되었다면 어떻게 하겠는가? 물론 인생에서 그런 일이 일어나지 말라는 법은 없다. 현실에서 거의 일어나지는 않겠지만 말이다. 이 경우에 우리는 자발적 자선을 통해 그런 개인을 도울 수 있다. 이때의 자선은 일시적이고 그가 자활하도록 만들려는 목적으로 자선을 하는 것이다. 그리고 자발적 자선을 할 수 있는 기회는 유능한 사람들이 더 열심히 일하도록 하는 자극제가 된다.

여기에서 가장 중요한 것은 누구나 자신의 힘으로 소득을 얻고 그 소득으로 자신의 생명과 재산을 보호하고 유지한다는 것이다. 그렇게 하기 위해서는 일자리가 창출되어야 한다. 그런데 일자리는 '이타적인 동기'에 의해 창출되지 않는다. 만약 기업가가 저축한 자본을 자선을 위하여 써버린다면 일자리는 창출되지 않는다. 오히려 일자리는 기업가의 '이기적 동기'에 의해 창출된다.

기업가가 자신의 이익을 위하여 자본을 투자하고 기술적 혁신을 위하여 노력하는 과정에서 일자리는 효율적으로 창출될 뿐만 아니라 바로 그 이유로 가장 많이 창출된다. 그 결과 자신의 이익에 기초한 자발적 교환과 자유시장이 생활수준의 엄청난 향상을 가져온다. 그러므로 교환에 기초한 자본주의적 생산이 빈곤을 퇴치할 수 있는 유일하고도 가장 효율적인 방법이다. 다시 말하면, 자유시장에서만 소비자를 위한 생산이 극대화되기 때문에 자유시장만이 빈곤을 가장 효과적으로 없앨 수 있는 길이다. 물론 이러한 일은 장기적으로 일어나는 것이다.

결국 최선의 자선은 자발적 자선 그 자체가 아니라 이기적 동기에 의해 행해지는 기업과 기업가의 자본 투자와 기술 혁신에 의해 만들어지고 이때 빈곤은 해결된다. 이것이 경제학의 시조라고 일컬어지는 아담 스미스가 설명하고자 했던 진리로서, 그 진리란 우리가 우리 자신을 위해 일할 때 일반적으로 가장 남을 잘 돕게 된다는 것을 말한다. 그리고 시장에서의 자유로운 거래만이 모든 타락과 비굴을 회피하게 한다.

정부에 의해 강요된 자선은 빈곤을 해결할 수 있는가? 앞에서 지적하였듯이 정부는 폭력, 강제, 법규 등을 수단으로 삼아 자선을 강요하지만 그것들로 일자리를 창출할 수는 없다. 강제와 폭력으로 이미 생산된 것을 분배할 수는 있지만 생산할 수는 없다. 시장에 대한 정부의 간섭은 생산을 억제하거나 감소하게 만들고 그 결과 일자리는 줄어든다. 다시 말하면, 강요된 자선은 빈곤을 감소하게 만드는 것이 아니라 빈곤을 더 악화시킬 뿐이다. 여기에서 빈곤을 악화시킨다는 것은 가난한 사람들의 수도 증가하고 빈곤의 절대 수준도 악화된다는 것을 의미한다.

그 이외에도 강요된 자선은 다른 여러 가지 문제를 만들어낸다. 첫째, 강요된 자선은 자선하고자 하는 욕구를 없애 버릴 수 있다. 왜냐하면 국가가 세금 등으로 타인을 돕게 되면 개인들은 이제 더 이상 자선을 행해야 할 이유가 없다고 생각하기 때문이다.

둘째, 강요된 자선의 양, 방향(누구에게 줄 것인가) 등은 자발적 자선의 양, 방향 등과 다르다. 만약 정부가 자원을 누구로부터 빼앗아 누구에게 줄 것인가를 결정한다면 자원을 빼앗긴 사람들은 '정치적 패자'가 되고 그 자원을 정부로부터 보조 받은 사람들은 '정치적 승자'가 된다. 이제 정치적 승자와 패자는 갈등 관계에 놓이게 된다. 그리고 강요된 자선이 많아질수록 갈등 관계는 점점 더 깊어지고 결국에는 폭발할 수도 있다. 시간이 지남에 따라 정치적 승자, 즉 가난한 사람들은 부자로부터 자원을 청구할 수 있는 특권을 가진 계층으로 당당하게 행세하고 정치적 패자, 즉 부자들 또는 유능한 사람들은 국가에 의해 벌을 받는 것과 같게 되고 노예와 같게 된다. 한 마디로, 가난한 사람들의 사회적 지위는 상승하지만 그에 따라 유능한 사람들의 지위는 억제되고 낮아진다.

셋째, 강요된 자선 때문에 정부의 손에 들어가는 권력 또는 힘은 증가하게 된다. 강요된 자선을 수행한다는 명목으로 정부는 관료조직을 구축하게 되는데 그 관료조직은 필연적으로 국민으로부터 자원을 빼앗아 생존하는 조직이다.

넷째, 강요된 자선은 일반적으로 증가하는 경향이 있고 그런 경향은 사회 전체의 생산과 저축을 줄이고 이러한 감소는 가난한 사람들을 예전보다 더 많이 만들어내게 된다. 왜냐하면 강요된 자선이 증가할수록 유능한 사람들의 일할 의욕을 꺾고 방해할 뿐 아니라 더 큰 관료조직이 필요하기 때문이다.

다섯째, 강요된 자선이 제도화되면 그런 자선은 영구화되고 지원 받는 사람들을 타락시켜 정신적으로 비굴한 상태에 놓이게 만든다. 자발적 자선도 지원 받는 사람을 비굴하게 만든다고 누군가 주장할 수 있다. 문제는 강요된 자선은 자발적 자선보다 사람을 더 비굴하게 만든다는 것이다.

그러면 교환경제에서 빈곤이 발생하는 직접적인 원인을 탐구한다. 정부의 간섭주의가 어떻게 빈곤을 만들어내는가를 규제의 예를 들어 알아보기로 한다. 몇 년 전에 아파트 경비원에게 최저임금법을 적용한 경우를 보자. 그 이전에 아파트 경비원에게 최저임금법의 적용은 여러 가지 이유로 면제되어 있었다. 최근 입법자들은 이제 최저임금을 아파트 경비원에게도 적용할 때가 되었다고 판단하고 최저임금법 적용을 면제하던 것을 해제했다.

시장에서 실제로 어떤 일이 일어났는가? 아파트 경비원의 임금이 상승하자 전국 대부분의 아파트에서 아파트 경비원 대신에 CCTV 등을 아파트의 출입구에 부착하고 아파트 경비를 집중화하였다. 그 과정에서 아파트 경비원의 다수가 해고되었다. 해고된 경비원들은 다른 일자리를 잡을 수도 있다. 다른 일자리를 잡지 못하는 사람도 있을 것이다. 해고된 경비원들은 다양한 길을 선택해 나가게 될 것이다. 만약 경제 내에 규제가 거의 없다면 경제는 성장하게 될 것이기 때문에 해고된 아파트 경비원들은 아무쪼록 일자리를 구할 수 있을 것이다. 그 일자리가 예전보다 못한 경우라도 하더라도 말이다.

그러나 현재 우리나라는 교육, 주택 등을 포함한 거의 모든 산업에 많은 규제가 상존하고 있기 때문에 경제는 거의 성장하지 않는 경우가 다반사다. 성장하는 경우에도 고용은 더 이상 늘어나지 않는다. 해고된 아파트 경비원의 일부는 이제 반영구적 실업 또는 영구적 실업 상태에 놓이게 된다. 만약 그들이 충분한 부를 소유하고 있지 않다면 이제 그들은 농경시대의 빈자와 같은 상태에 놓이게 된다. 그러므로 교환경제에서 빈곤을 해결하고자 한다면 복지가 아니라 간섭주의적 제도 또는 반자본주의적 정책을 폐지하거나 자본주의 제도나 정책을 시행해야 한다고 결론지을 수 있다. 복지정책은 간섭주의적 제도 또는 반자본주의적 정책의 일종이기 때문이다.

(2) 소득 불평등

경제성장을 위해서는 기존의 자본을 유지해야 할 뿐 아니라 신규 투자가 필요하다. 자본의 유지와 신규 투자는 저축 또는 자본 축적에 의해 이루어진다. 다시 말하면 경제성장은 저축 또는 그에 의한 자본의 축적 없이는 가능하지 않다는 것이다. 불평등을 용인하는 체제와 불평등을 용인하지 않는 체제, 즉 평등 체제에서 저축의 규모와 자본 축적 규모는 다르게 나타난다.

불평등을 용인하는 체제에서 인간의 이기심은 사람들로 하여금 저축하도록 하고 소비자의 욕구를 언제나 가장 잘 만족시킬 수 있는 방향으로 그 저축을 투자하도록 유도한다. 그러나 평등 체제에서는 이런 동기가 사라진다. 즉 평등을 지향하는 체제에서는 인간의 이기심이 저축과 투자를 유도하도록 작용하지 않는다는 것이다.

저축에 의한 자본의 축적만이 과학기술의 개선과 발명, 임금률 상승, 생활수준의 향상을 유발할 수 있다. 즉 자본의 축적만이 경제성장을 유도하여 인간의 물질적 조건을 개선할 뿐 아니라 문명을 유지하고 발전시킬 수 있다. 그러므로 평등 체제에서보다 불평등 체제에서 소득 수준이 상승할 뿐 아니라 소득의 불평등은 감소한다. 물론 장기적으로 그렇게 된다는 것이다.

미제스는 1800년대 말 중국과 산업혁명 이후의 영국을 비교하여 불평등을 용인하는 체제와 평등을 지향한 체제의 차이가 어떤 결과를 가져왔는가를 설명한다. 1800년대 말 중국은 빈곤했다. 그러나 영국은 부유한 문명 국가였다. 2000년 전에 중국은 영국보다 훨씬 앞섰다. 그러나 그 이후 중국은 크게 달라지지 않았지만 영국은 신분제와 길드 조합주의를 해체하고 자본주의로의 길을 열었다. 중국의 문명이 정체했던 것은 소득 평등의 원칙을 실현하려고 했기 때문이다. 토지는 분할되고 세분화되어 프롤레타리아 계급에게 분배되었다. 그 결과 중국에서 토지를 소유하지 않은 프롤레타리아 계급은 거의 존재하지 않았다. 반대로 1700년대 영국에서는 토지를 소유하지 않은 프롤레타리아 계급이 많았다. 영국에서는 반간섭주의 철학 또는 고전적 자유주의(classical liberalism) 철학이 기업가정신의 출현을 막는 관행과 특권 또는 간섭주의를 철폐함으로써 산업의 급속한 발전이 이루어졌다.

작금의 남한과 북한의 경우도 불평등과 평등을 추구한 결과를 비교할 수 있는 좋은 사례이다. 남한이 평등을 추구하지 않은 것은 아니지만 북한은 남한보다 훨씬 더 평등을 추구했다. 어쩌면 북한은 평등을 극단적으로 추구한 나라에 속한다고 볼 수 있다. 결국 평등을 추구하면 불평등도 커지고 평균 소득은 낮아진다. 불평등을 최대한 용인하면 불평등도 낮아지고 평균 소득은 높아진다.

미제스는 불평등과 경제성장의 관계를 다음과 같이 썼다. "자유주의 옹호자들은 법 아래에서의 평등을 위해 싸우지만, 인간이 불평등하게 태어난다는 사실, 그리고 사회적 협동과 문명을 생성시킨 것은 엄밀하게 말해서 바로 그러한 불평등이라는 사실을 충분히 인식하고 있었다."[18] 그리고 미제스는 자본주의에서 불평등의 중요성을 다음과 같이 지적하고 있다. "소득과 부의 불평등은 시장경제의 내재적 특징이다. 이 불평등을 제거하면 시장경제는 완전히 파괴될 것이다."[19]

자유와 평등, 경제성장, 소득분배 간의 관계에 대한 실증분석은 이 이론을 지지하고 있는데 그런 분석은 적지 않다. Lee (1998), Berggren (1999), Scully (2002) 등의 연구가 구체적인 내용은 조금 다르지만 거의 유사한 결론을 내리고 있다. 그러나 여기에서는 구체적인 언급을 생략하기로 한다.

마지막으로, 노벨 경제학상 수상 경제학자인 밀튼 프리드먼(Friedman)은 사회가 평등을 추구하여 직면할 어려움을 다음과 같이 경고한다. "자유보다 결과의 평등을 중시하는 사회는 평등도 자유도 모두 잃을 것이다."라고 말이다.

(3) 불안전성

복지주의자들이 불안전성이라고 말할 때 그 개념은 매우 모호한 것이다. 안전성에 대해 말할 때 가장 일반적으로 사용되는 것은 직장 안전성(job security) 또는 일자리의 안전성을 지칭한다. 또는 소득의 안전성을 말하는 경우도 있다. 그런 개념을 받아들이더라도 여전히 의문은 남는다. 만약 직장을 잃는다면 얼마나 오랫동안 실업 상태에 있는 것을 용

18 Mises (2011), 1631쪽 인용.
19 Mises (2011), 1628쪽 인용.

인할 것인가? 새로운 직장을 잡는 경우에도 소득이 변한다면 어떻게 할 것인가? 어느 정도의 소득 변화를 용인할 것인가? 이런 끊임없는 질문에 대한 가장 상식적인 대답은 일자리를 잃지 않는 것이 최고의 안전성이 확보된 것이라고 할 수 있다. 그리고 새로운 직장을 잡는 경우에도 예전의 소득과 비슷한 수준을 유지할 수 있고 새로운 직장을 잡는 기간이 최대한 짧으면 좋을 것이다. 일자리도 임시직이 아니라 전일제(full time)이면서 정규직인 일자리가 최선의 일자리이고 그런 일자리가 지속된다면 불안정성이 없는 상태, 즉 안전한 상태가 되는 것이다.

그렇다면 실업의 원인은 무엇인가? 또는 일자리의 안전성을 위협하는 실직의 원인은 무엇인가? 새로운 기술을 습득하기 위하여 직장을 옮기거나, 재교육 프로그램에 참여하기 위하여 일자리를 그만두거나, 현재보다 더 좋은 일자리를 구하기 위하여 일자리를 그만두는 경우 등은 자발적 실업으로서 아무런 문제가 되지 않는다. 여기에서는 비자발적 실업의 원인들을 간략히 설명하고자 한다.

노동조합은 자유시장에서 결정되는 임금보다 높은 임금을 요구함으로써 영구적 실업 또는 반영구적 실업을 만들어낸다. 이 점을 스웨덴과 덴마크 노동시장에 적용해야 한다. 그러므로 자세한 설명을 아래에서 하고자 한다.

2008년에 미국에서 촉발된 경기변동은 일시적 실업 또는 영구적 실업을 초래하였다. 그리고 실업의 크기도 대부분 대규모였다. 경기변동에 의한 실업은 재화와 생산요소들의 가격이 얼마나 쉽게 그리고 얼마나 크게 하락 가능한가에 달려있다. 덴마크와 스웨덴의 경우에 공공부문이 어느 나라보다 크고 공공부문은 임금도 변화하지 않을 뿐 아니라 해고도 쉽지 않기 때문에 경기변동이 실업에 미치는 영향은 작지 않을 뿐 아니라 오래갈 것이다.

제도적 원인도 실업을 초래할 수 있다. 예를 들어 앞에서 설명한 최저임금제가 대표적인 것이다. 최저임금제는 최저임금제로 보호하고자 하는 노동자의 일자리를 없앤다. 덴마크와 스웨덴에서 어떤 산업에서 새로 시작하는 노동자의 초임은 기업 간에 큰 차이가 없다. 또한 같은 직종에 속한 경우에 노동조합에 의하여 직무 연한이 길수록 임금 상승이 매우 작게 되도록 하고 그 결과 근속 연수에 따른 임금의 차이가 크지 않다. 그 결과 청년실업률이 높은 것이다. 물론 다른 제도적 이유가 겹쳐져서 말이다.

정부가 단순히 일자리를 창출하기 위하여 세금을 징수하여 일자리를 만드는 경우도 있다. 노무현 정부 시절에 실업이 좀처럼 감소하지 않자 필요도 없는 공무원을 대거 채용했다. 이 경우에 장기적으로 그만큼 민간의 일자리는 감소한다. 덴마크와 스웨덴의 경우에도 이런 상황은 분명 있었을 것으로 여겨진다. 이 점은 세밀한 연구가 필요하다. 앞에서 서술한 실업의 원인은 일부는 제도에 의해서 초래되거나 일부는 정부의 독점에 의해 초래되었다. 미제스의 말을 빌리면 결국 직업 또는 직장의 안정성을 파괴하는 것은 정부가 만들어준 각종 기득권이다.

미제스는 미국의 경우에 안전성에 대한 갈망이 1920년대에 시작된 대공황 때 특히 강렬했다고 지적한다. 그때 농민의 지도자들과 노동자의 집단인 노동조합의 대표들은 실직과 그로 인한 불안전성이 '자본주의' 때문이라고 소리 높여 외쳤다. 그러나 진실은 국가 차원의 경제위기는 정부가 통화 공급을 증가시켜 이자율을 낮추려던 시도의 필연적인 결과이다. 그리고 미제스는 "제도적 실업은 시장 임금률 이상으로 임금률을 고정시키려던 정책의 불가피한 귀결이었다."라고 지적했다.[20]

---

20 Mises (2011), 1651쪽 인용.

직장의 안전성 또는 일자리를 제도로써 보호한다면 어떤 일이 일어나는가? 어떤 노동자가 보호무역에 의해 수입이 금지된 재화를 생산하는 직업에 종사한다고 가정하자. 이 경우에 그 직장의 안전성은 보호무역에 의해 확보되고 있는 것이다. 그러나 소비자는 품질이 좋고 값싼 재화를 원한다. 결국 그 노동자에게 직장의 안전성이란 소비자의 희생을 대가로 한 것이다. 자본주의는 이런 안전성을 보장할 수 없다. 자유시장이란 정부가 기득권에 대해 차별 대우를 하지 않는 것이기 때문이다.

만약 기술 변화가 일어나서 직장을 잃는다면 어떻게 해야 하는가? 예를 들어 애플의 스마트 폰 때문에 노키아는 역사상 최대의 위기에 처해 있다. 노키아는 이미 많은 인력을 해고했다. 앞으로도 더 많은 노동자가 해고될 것이다. 이러한 기술 변화 때문에 직장의 안전성이 결여되어 있다고 주장하고 그것이 자본주의의 단점이라고 지적한다면 그 사람은 변화가 없는 세상을 이상향으로 여기고 있는 것이다. 현실에서는 자본주의가 아니더라도 기술 변화는 지속적으로 일어난다. 그리고 그런 기술 변화는 소비자가 선택한 것일 뿐 아니라 그런 변화가 우리의 삶을 윤택하게 한다는 점에서 거부해서는 안 된다.

변화가 삶의 본질이다. 그런 변화에 맞춰 나간다는 것은 분명히 성가시고 귀찮을 뿐 아니라 종종 어려운 일이다. 정부의 간섭이 없는 시장, 또는 정부의 통제가 없는 시장에서 기득권을 보호하지 않는 것이야말로 인간의 물질적 조건을 지속적으로 개선하게 만드는 원리이다. 보호와 같은 기득권을 폐지하는 것, 그 결과 시장에서 안전성을 인위적으로 확보하고자 하지 않을 때, 역설적이지만 안전성이 최대한 확보될 것이다.

(4) 사회정의

사회에는 정의가 있어야 한다는 의미에서 사회정의(social justice)라는 말을 사용한다면 아무런 문제가 없다. 무엇이 옳고 틀린 것인가를 결정하고 무엇이 정당하고 부당한 것인가를 결정하기 위해서는 정의가 분명 필요하다. 그런 의미에서 사회정의라는 말을 사용한다면 그 의미를 의심해야 할 이유가 없다. 그러나 이 경우에도 무엇이 정의인가 하는 물음에는 쉽게 대답할 수 없다.

그러나 복지국가 또는 복지제도를 말할 때 사회정의라는 말을 사용하는 것은 무엇인가 잘못된 것이다. 예를 들어 한 공무원이 다음과 같이 말하는 것을 볼 수 있다. "재벌가 손자에게 주는 보육비를 줄여 양육수당을 차상위 계층에 더 주는 것이 사회정의에 맞다." 이렇게 사회정의라는 말을 복지제도를 언급할 때 자주 사용하는 것을 볼 수 있다.

복지국가를 주장하는 학자나 전문가는 사회정의를 복지국가의 철학적 기초 정도로 간주하고 있는 것 같다. 그런 사회정의는 다시 사회적 권리(social rights)에 기초하고 있다. 사회적 권리란 인간이 인간의 존엄을 유지하기 위해 필요한 최소한의 권리라고 정의된다. 국가 또는 사회는 그런 권리를 유지하고 보호할 책임이 있다. 사회정의는 그런 권리를 보호하기 위하여 필요한 정의를 말한다. 이것이 복지국가를 설파하는 학자나 정치가의 주장이다.

그러나 사회정의라는 개념은 매우 모호하다. 개인이 집합적으로 재화를 거래하는 경우에도 그 거래와 관련한 권리와 의무는 개인적인 권리와 의무의 총합일 뿐이다. 사회정의라는 잘못 만들어진 개념 또는 원리는 이제 개인적인 권리와 의무를 공공의 영역으로 옮기게 된다. 이러한 과정은 필연적으로 개인적인 권리의 침해 또는 의무의 태만을 초래하게 된다.

앞의 예에서 보듯이 사회정의라는 개념은 소득을 재분배함으로써 소득의 불평등을 최대한 낮추고자 하는 경우에 자주 사용된다. 소득의 불평등을 낮춤으로써 개인의 소득을 안정시키고 소득이 낮은 사람들이 사회 체제에 가하는 불안을 제거하고자 하는 것이다. 다시 말하면 사회정의를 실현함으로써 사회적 안전(social security)을 보장하는 것이다.

구체적인 예를 들어보자. 사회적 약자에게 힘을 실어주어 대학교육을 받을 수 있게 해야 한다는 주장을 할 때 가장 많이 언급하는 개념은 사회정의이다. 가난한 사람에게 고등교육의 기회를 제공하는 것이 사회정의이거나 사회정의에 부합한다는 것이다. 이 경우에 사회정의는 '분배적 정의'를 의미한다. 문제는 시장에서 재화의 가격이 결정될 때 생산요소들의 몫이 결정된다는 점이다. 그러나 분배적 정의를 실현하기 위해서는 시장에서 결정된 결과, 즉 시장에서 결정된 생산요소들의 몫을 부정하고 국가 또는 정부가 이상적이라고 생각하는 분배 상태를 위하여 각종 간섭적인 정책을 시행해야 한다.

사회정의는 사회를 이롭게 한다는 이유로 선행의 실천을 국가가 강제하기 위하여 만든 용어이고 개념이다. 사회정의 개념을 끝까지 밀고 나가면 우리는 사회주의, 복지국가 등과 같은 개념을 만난다. 사회정의는 국가가 선행의 실천, 예를 들어 소득재분배 같은 행위를 강제로 부과하고 집행하기 위하여 인위적으로 만든 이념이다. 결국 사회정의는 분배적 정의의 다른 이름일 뿐이다.

하이에크는 분배적 정의 또는 사회정의를 다음과 같이 비판한다.[21] "하이에크는 시장경제의 분배결과에 대해 정의롭다거나 정의롭지

21 분배적 정의 또는 사회정의에 대한 하이에크의 비판에 대한 더 자세한 내용은 민경국(2007) 참조.

않다는 식으로 말할 수 없다고 한다. 이런 평가는 시장경제에서는 분배를 주관하는 어떤 실체가 있다는 것을 전제하는 의인화의 오류를 범하기 때문이다. 의인화의 오류는 시장경제의 성격에 대한 오해에서 비롯된 것이다. 시장경제는 자생적 질서이다. 각 개인들이 시장에서 벌어들이는 보수는 그 어떤 사람이나 집단도 계획하여 분배한 것이 아니다. 그것은 부자가 계획하여 분배한 것도 아니다. 시장에서의 분배결과는 자생적으로 생겨난 결과이지 그 어떤 사람이 의도한 결과가 아니다."[22]

거래 당사자들이 교환에서 이득을 얻기 때문에 그 교환에 참여한다. 거래로부터 이득을 얻는 것이 아니라 약탈을 당할 것으로 예상된다면 그 거래에 참가하지 않으면 될 것이다. 그러므로 강제가 없는 상태에서 자발적으로 교환에 참여한다는 것은 교환이나 거래로부터 이득을 얻기 때문이다.

그런데 만약 국가가 그런 교환에서 나온 결과에 간섭한다면 어떻게 되겠는가? 그런 간섭으로부터 이득을 보는 개인이나 집단의 효용은 증대한다. 손실을 보는 개인이나 집단의 효용은 감소한다. 그런 과정에 개입하여 자신의 의도대로 정책을 시행하는 공무원이나 정부의 관료 또는 그런 정책을 마련한 정치가는 이득을 본다.

이제 이런 정부의 간섭 정책이 사회를 더 좋게 만들었는가? 다른 말로 하면 정부의 간섭 정책이 사회 전체의 효용을 증대시켰는가? 이 질문에 대한 대답은 우리는 정부 간섭의 결과를 알 수 없다는 것이다. 왜냐하면 개인의 효용은 '주관적인' 것이어서 비교할 수 없을 뿐 아니라 바로 그 이유로 '가감승제'도 불가능하기 때문이다. 이런 경우에 우리는 어떻

22 민경국(2007), 500쪽에서 인용.

게 해야 하는가? 시장에서 나온 결과를 보호하되 그런 결과를 초래한 재산권(property rights)을 보호해야 한다. 다만 개인이 소유한 재산은 '정당한'(just) 것이어야 한다.

요약하면 정당한 재산을 기초로 한 자발적 거래의 결과가 사회적으로 최선이고 거래 자체나 거래의 결과에 국가가 간섭하는 것은 차선일 수밖에 없다.

사회적 권리는 잘못 만들어진 개념이다. 권리는 모두 개인적인 것이고 그런 개인적인 권리는 모두 재산권으로 수렴된다. 즉 인간의 권리는 재산권으로 수렴되고 그렇게 할 때 그 권리를 가장 잘 보호할 수 있다. Rothbard (1983)는 처음으로 이러한 관점으로 법을 제정하고 권리를 보호하는 규정을 만들 것을 제안했다. 여기에서는 인간권리를 재산권 관점에서 접근하는 방법에 대한 자세한 내용은 생략하고 요점만 설명하고자 한다.[23]

모든 인간의 권리를 재산권으로 이해하고 해석하며 정의할 때 가장 명확하고 권리에 대한 침해가 일어나지 않고 가장 잘 보호된다. 재산권으로 이해하고 해석하는 인간의 권리는 개인의 권리이다. 바로 그 점에서 사회적 권리와 그에 기초한 사회정의는 개인의 권리를 침해하고 파괴한다. 복지국가 체제를 주장한 스웨덴과 덴마크의 정치가들을 포함한 유럽의 사회주의자들은 잘못된 개념 위에 자신들의 복지모델이나 복지국가 체제를 설계하고 실행한 것이다. 비록 잘못된 개념이지만 이 글에서는 그대로 사용하기로 한다. 그리고 사회에서 정의가 필요하다는 의미에서의 사회정의라는 용어를 사용하는 경우에는 그 뜻을 분명히 할 필요가 있다.

23 자세한 내용은 Rothbard (1983)를 참조하고 국내 문헌으로는 김영용 외(2003), 제1부를 참조.

제3장

복지국가 체제 발달의 약사(略史)

1

덴마크 복지국가의 역사[1]

덴마크 복지국가는 크게 네 시기로 구분할 수 있다. 첫째는 대공황 이전 시기이다. 이 시기 복지정책에는 국가의 역할이 점점 커졌지만 민간도 거의 동등한 역할을 했다. 두 번째 시기는 1930년대부터 1950년대까지를 말한다. 이 시기에는 복지 입법이 많이 만들어지지는 않았지만 사회적 권리라는 개념이 만들어지고 복지 입법을 위한 개념이 정립되었다. 불행히도 이때 국가가 강제 불임을 할 수 있도록 하는 입법을 했다. 1950년부터 1973년까지는 덴마크 복지 입법의 황금기라고 할 수 있는 시기이다. 많은 복지제도가 만들어졌다. 1973년 이후에는 세계경제의 위기로 인하여 어려움에 봉착했고 신자유주의의 도전도 거세게 받았던 시기이다.

덴마크에서는 1870년대부터 이민, 급속한 도시화, 점진적인 산업화 등의 현상이 있었다. 그러나 덴마크에서 농업은 여전히 지배적인 산업이었다. 전술한 이유로 실업, 산업재해, 질병, 노령 등으로 인한 사회문제와 그로 인한 빈곤 문제는 도시의 노동자에게 집중되었다. 1891~1892년

1 이 부분은 주로 Christiansen and Peterson (2001) 참조.

에 덴마크 의회는 세 종류의 법률을 통과시켰다. 첫째, 60세 이상의 시민에게 지방정부가 연금을 제공하도록 하는 것이다. 이때 비용의 절반은 중앙정부가 부담했다. 조건은 지난 10년 동안에 빈곤구제를 받은 적이 없어야 한다는 것이었다. 재정의 주요 부분은 맥주에 대한 세금에서 나왔다. 이 제도는 이후 덴마크 사회보장법률에서 영구적인 특징이 되었다.

둘째, 정부는 질병보조금[질병보험]을 시작했다. 초기에 이 보조금의 대상자는 매우 제한적이었다. 그리고 보조금 비용도 상호질병사회(mutual sickness societies)와 국가가 공동으로 부담했다. 이 제도는 제2차 세계대전 이전에 전 국민이 보조금[보험] 대상이 되었고 1970년에 국가가 모든 비용을 지불하는 방식으로 바뀔 때까지 존속했다.

셋째, 1907년에 실업보조금[실업급여(unemployment benefits)]가 시행되었다. 이때 실업보조금은 노동조합의 상호실업기금(trade unions' mutual unemployment funds)과 정부의 지원을 조합한 것이었다. 이 제도는 오늘날까지 존속하고 있다. 결국 당시의 노령연금, 질병보조금, 실업보조금 등은 자조(self-help)와 국가 지원(state help)의 조합으로 이루어졌다.

이 당시 복지 입법은 몇 가지 특징을 가지고 있다. 첫째, 덴마크의 복지 입법에서는 국가가 초기부터 중요한 역할을 했음을 알 수 있다. 둘째, 제1차 세계대전 이전까지 복지제도에서 자선도 중요한 역할을 했다. 자선에서 무엇보다도 기독교 단체와 보수단체가 큰 역할을 했다. 셋째, 노동자들의 노조조직률이 매우 높았기 때문에 입법 과정에서 노동자들이 독특한 역할을 했다.

1930년대부터 1950년까지 북부 유럽 국가들의 복지정책 형성에 큰 영향을 미친 정치인은 덴마크의 스타인케(Steineke)이다. 그는 '사회보장제도의 미래'(The Future of the Social Security System)라는 책을 출판함으로써 북부 유럽 국가들의 복지국가 전략을 제안한 선구자 중의 한 명이 되었다. 그러나 불행히도 그는 불임을 강제하는 법률을 주장했는데 그때가 나치(Nazi) 독일이 인종차별주의 정책을 시작하기 몇 년 전이었다. 무엇보다도 스타인케는 모든 시민에게 생존을 위한 최소한의 수준을 보장하는 것이 국가의 의무라고 주장했다. 덴마크에서는 이 시기를 2차 개혁기라고 지칭할 수 있다.

1933년에 사회개혁법안이 통과되었는데 이때가 덴마크 복지국가 역사에서 전환점이라고 할 수 있다. 당시 이 법률은 유럽 전역에서 가장 종합적인 사회 법률이었다. 무엇보다도 중요한 것은 이 법률에서 사회적 권리라는 원칙이 정립되었다. 모든 시민은 사회적 혜택과 돌봄을 받을 수 있는 권리를 가지는데 국가는 그의 능력과 상관없이 생존을 위한 최소 수준의 혜택과 보호를 제공해야 하는 의무를 가진다는 내용이다. 이로부터 시민은 지방정부의 재정 상태와 상관 없이 보호를 받을 수 있게 되었다. 사실 1933년 사회개혁법은 그 이전의 사회적 법률을 체계화하고 확대한 것이었다. 이때 가시적인 성과는 1939년에 모성을 보호하는 공식기관을 설립한 것이었다.

이 시기에 유럽에서 특별한 지역으로서 노르딕 국가(Norden)라는 개념이 만들어졌다. 노르딕 국가란 민주주의, 높은 생활수준, 종합적인 사회보장 등을 향유하는 북부 유럽 국가들을 지칭하는 것이다. 이 세 가지 점에서 유럽의 다른 국가들과 구분되는 것이었다. 이 개념은 제2차 세계대전 이후에 더 분명해졌다.

1950년부터 1973년까지는 덴마크 복지국가 형성의 황금기라고 할 수 있다. 덴마크 복지국가 체제가 현재와 같은 모습을 갖춘 시기라고 할 수 있고 일련의 개혁(?)이 이루어진 시기이기도 하다. 1960년대 후반에서 1970년대 중반은 개혁이 이루어진 시기로서 3차 개혁이라고 부른다. 이 때 덴마크는 노르딕이라는 관점에서 근대 복지국가가 되었다. 이

때 노르딕이라는 관점은 국가가 세금으로 복지 재원을 마련하되 사회적 권리라는 관점에서 보편주의를 지향하는 것이다. 덴마크에서 사회주의 사회의 건설을 목표로 하는 사회민주당(Social Democratic Party)은 1950~1953년을 빼고는 1947년부터 1968년까지 집권했다. 물론 연립정부 형태이지만 말이다. 국민총생산에서 복지지출이 차지하는 비중은 1950년 약 8%, 1973년 약 23%, 1982년 약 35%로서 3차 개혁 이후에 복지지출이 급격히 증가했다.

근대 복지국가 체제를 갖추게 된 역사적 배경을 간단히 요약하면 제2차 세계대전 후의 경제 호황이었다. 1923년 이후 덴마크 최대 정당인 사회민주당은 1950~1973년 기간 동안에 17년간 집권하면서 소수 정당의 도움을 얻어 개혁 입법을 했다. 제2차 세계대전 이후에 마셜플랜의 도움, 비록 독일 지배하에 있었지만 정부의 법률 · 헌법 기구가 손상되지 않은 점과 사회 기반 시설이 거의 파괴되지 않은 점, 덴마크 농산물을 영국에 수출하는 쌍무 협정을 통하여 무역을 안정시킨 점 등은 제2차 세계대전 이후의 덴마크 경제를 빠르게 회복시키고 전후의 부흥을 이끌었다.

1950년대 말 무렵 덴마크 경제가 크게 도약했을 때 현대 덴마크 복지국가 체제가 만들어지기 시작했다. 먼저 1956년에 국민연금개혁법이 통과되었다. 모든 사람에게 일정 액수의 연금 혜택(flat-rate benefits)을 주고 그 위에 소득과 연계된 혜택(income-related benefits)을 주는 방식이다. 역사가들은 이때 덴마크의 사회보장이 보편주의로 도약했다고 한다.[2] 사실 그 이전까지 약 60%만이 연금혜택을 받았으나 1956년 이후에 모든 국민이 연금 대상자가 되었다. 그러나 이 시기에 고령화 등의 이유로 연

2 보편주의의 시작을 1891년 개혁으로 보는 덴마크 역사가도 있다. Christiansen and Peterson (2001), 188쪽, 각주 28번 참조.

금 수령 연령을 60세에서 67세로 늦추었다. 이미 이 시기에 고령화로 연금제도를 수술하지 않을 수 없었다는 것이다.

1958년 학교개혁법, 1960년 재활법, 1961년 공적원조법 등이 통과되었다. 1960년대에 많은 여성이 노동시장에 참여하여 노동함에 따라 어린이를 돌보는 일이 사회적 문제가 되기 시작했다. 국가나 지방자치단체가 데이케어 서비스(daycare service) 공급자가 되었다. 공공 데이케어 서비스 공급자는 1960년에 3세부터 6세까지 유아의 10%, 1973년에 약 30%, 오늘날에는 약 75%까지 돌보고 있다. 데이케어 서비스를 국가가 공급해주는 비율이 증가하자 여성의 노동시장 참여율도 점점 높아졌다. 1967년에 실업보조금제도를 개혁하고 1974년에 사회원조법(Social Assistant Act)을 통과시켰다. 1974년의 법률은 어떤 이유이든 소득을 잃은 사람은 국가가 그만큼을 보전해 주는 제도이다.

1967년부터 1974년까지의 개혁은 사회복지 지출을 위한 재정을 중앙정부가 세금으로 충당하는 일을 책임지고 그 대신 다른 영역에서의 중앙정부 기금은 줄어들었다. 당시 상황을 Christiansen and Peterson (2001)은 다음과 같이 요약하고 있다. "이때[1974년을 말함]부터 사회적 체제[사회복지 체제를 말함]는 순전히 세금으로 재정이 충당되었다. 사회복지 지출에서 얼마 되지 않은 개인적인 기여는 사라졌고 사용자들의 기여는 비교적 매우 온건했다. 실업보험제도를 예외로 하면 사회적 권리를 세금으로 충당하는 제도가 선호되고 사회 안전망 제도에 들어있는 보험과 같은 특징은 사실상 사라졌다."[3]

이 시기에 세 가지 개혁이 실패했다. 주택정책, 종합적이면서 소

3 Christiansen and Peterson (2001), 191쪽 인용.

득과 연계된 연금제, 문화정책에 대한 국가의 지원을 시도했지만 실패했다. 소수의 소득이 낮은 사람이나 가구의 주택은 제외하고 1958년과 1966년에 정부 지원을 위한 개혁을 시도했지만 실패하고, 주택시장은 자유화되었다. 1968~1971년에 소득과 연계된 연금제도로의 개혁은 실패했다. 작가와 예술가에 대한 정부의 지원도 실패했다.[4]

이 시기의 복지국가를 향한 개혁을 요약하면 다음과 같다. 세금으로 복지 재정을 충당하고 국가가 개혁을 주도하였다. 그 결과 1970년 무렵에는 실업보조금[실업보험]을 제외하면 개인적인 기여는 거의 대부분 사라졌다. 그리고 국가가 개혁을 주도했지만 복지 행정은 중앙정부에서 지방정부로 중심이 이동했다. 공공 헬스케어 체제와 연금제도 등에서 고소득자를 제외하는 예외가 있기는 하지만 이 시기의 덴마크 복지제도는 보편주의가 특징이다. 이 시기 덴마크 복지제도의 다른 특징은 사회적 문제를 방지하고 재활을 도와주는 것이다. 이렇게 하기 위하여 계획과 지식이 가능하고 합리적인 행정이 가능하다는 아이디어, 즉 사회 공학이 지배적인 사회 철학이 되었다. 보편주의를 포함한 덴마크 복지국가 체제의 문제점에 대해서는 아래에서 자세히 논의할 것이다.

1973년에 발발한 '오일 쇼크'라고 일컬어지는 세계경제 위기는 덴마크 복지국가 체제에도 영향을 미쳤다. 1980년대 레이건과 대처의 집권에서 보듯이 신자유주의의 영향이 강했던 시기이다. 덴마크에서 이 기간에 우파 정당이 집권했음에도 불구하고 그들은 복지국가 체제의 근간은 거의 바꾸지 못했다. 그것은 아마도 덴마크 국민의 복지국가 체제에

---

4 아마도 건축과 디자인 등에서 나타나는 스칸디나비아 문화 특유의 미학적 가치, 활발한 예술 활동 등은 이러한 자유로움에서 탄생했을 것으로 여겨진다. 더 많은 연구가 필요하다. 스칸디나비아 문화의 독특함에 대한 자세한 내용은 힐슨(2010), 제1장 참조.

대한 강한 믿음 때문이라고 여겨진다. 그 결과 국가는 여전히 복지국가 체제의 중심적인 기관이었다. 특히 1990년대는 복지국가의 위기라고까지 할 정도로 복지국가를 추구하는 국가들에게 좋은 시절이 아니었다. 특히 보편주의 원칙에 심한 공격이 가해졌다. 복지를 워크페어(workfare)로 재조직해야 한다는 주장이 강하게 일었다. 무엇보다도 환경적으로는 1990년대에 글로벌화(globalization)와 EU에 통합되는 것 등이 덴마크 복지국가 체제에 큰 영향을 미쳤다. 이때 정부는 '적극적 노동시장 정책'(active labor market policy)을 펼쳤다. 적극적 노동시장 정책에 대한 자세한 설명은 아래에서 하고자 한다.

그리고 남성과 여성의 평등화 정책은 1990년대에 공공보육 서비스의 지속적인 증대로 이어졌다. 이 시기에 한편으로는 교육과 훈련을 통해 개인의 능력을 강화하고, 다른 한편으로는 복지 수혜 자격을 강화하며, 수혜 기간을 단축하는 방향으로 모든 복지제도를 개혁하고자 했다. 이것은 경제위기로 인한 국가 재정 압박과 인구 변동이 주요 원인으로 작용한 것으로 보인다.

2

스웨덴 복지국가의 역사[5]

1870년 이후부터 현재까지 스웨덴 경제는 크게 세 시기로 구분할 수 있다. 첫 번째 기간은 1870년부터 1950년까지로서 자유시장 경제를 실천하여 본격적으로 번영했던 시기이다. 두 번째 기간은 1950년부터 1990년까지로서 복지정책이 본격적으로 도입된 결과 경제위기가 발발했던 시기이다. 세 번째 기간은 1990년부터 현재까지로서 복지정책을 상당 부분 포기하고 비록 부분적이지만 자본주의적인 개혁을 시행하여 경제가 회복되는 징후를 보이기 시작한 시기이다.

먼저 1870년부터 1950년까지 동안의 스웨덴 경제정책과 경제성과를 보기로 한다. 1870년 스웨덴의 국민소득은 유럽의 16개 공업국 가운데 16위로 스웨덴은 유럽에서 가장 가난한 나라였다. 그러나 이후 스웨덴의 국민소득은 급상승하기 시작했다. 스웨덴의 국민소득은 1900년에 유럽의 16개 공업국 가운데 9위, 1938년에 5위, 1950년에 1위를 차지했다. 이러한 급상승에 힘입어 1950년대 초에 스웨덴 경제는 최고 절정

5 이하에서 스웨덴 경제 역사의 요약은 민경국(2006), 김우택(2007), 유모토 켄지 외(2011), 신필균(2011), 힐슨(2010) 등을 참조.

에 이르렀다.

1870년에 스웨덴은 산업혁명 후발국이었기 때문에 국민소득은 유럽에서 가장 낮았다. 이러한 스웨덴이 이후 1950년까지 고도의 경제적 번영을 구가한 이유는 무엇인가? 무엇보다도 1860년대 이후 자유주의적 개혁과 개방 정책이 번영을 가져온 가장 중요한 이유라고 하겠다. 이 당시 스웨덴은 자유무역, 자유기업, 제한된 정부를 기조로 하는 경제정책을 실천했다.

자유주의에 입각하여 금융시장을 포함한 전 산업과 시장을 개혁하고, 토지소유권을 비롯한 재산권을 분명히 했다. 그 결과, 농업에서의 생산기술 발달로 인한 생산성의 급속한 상승, 상업은행을 비롯한 금융제도의 점진적인 발전, 다이너마이트 · 볼베어링 · 밸브 · 냉동장치, 터빈 등 스웨덴 산업 발달의 기초가 된 눈부신 발명, 자동차 산업 · 통신 산업 등 스웨덴 기반 산업의 확립 등이 이루어졌다. 오늘날의 거의 모든 대규모 스웨덴 회사가 19세기 후반부터 20세기 초까지의 기간 동안에 세워졌다는 사실은 이 기간에 스웨덴의 경제성장이 얼마나 눈부신 것이었나를 짐작케 해준다.

한마디로, 1870년부터 1950년까지의 기간은 고도성장기이자 스웨덴 경제의 굳건한 기반을 마련한 시기인데, 그런 경제적 번영은 개방을 목표로 한 개혁과 재산권 보호의 결과로서 오늘날의 복지정책과 전적으로 관련이 없다.

자유무역, 자유시장, 작은 정부 등을 근간으로 하는 경제정책으로 스웨덴은 대공황도 다른 나라에 비하면 쉽게 극복했다. 그러나 이런 상황은 1932년 사회주의 사회 건설을 목표로 하는 사회민주당이 집권하면서 조금씩 달라지기 시작한다. 사회민주당이 공공부문을 확장하면서 국내총생산에서 정부지출의 비중이 증대하기 시작한 것이다. 그러나 그 비중이 1950년대 초까지도 20% 내외에 머물렀기 때문에 스웨덴식 복지정책이 본격적으로 도입된 시기는 정부지출의 비중이 30% 이상으로 증가하기 시작한 1950년대 중반 이후로 보는 것이 타당하다. 복지정책이 본격적으로 도입된 1950년부터 1990년까지 스웨덴 경제는 활력을 잃고 지속적으로 추락하기 시작한다. 1950년 유럽에서 국민소득 1위였던 스웨덴은 1971년 4위, 1988년 7위, 1994년 17위로 추락했다.

제2차 세계대전이 끝났을 무렵에 스웨덴은 다른 유럽 국가에 비해 경제적으로 매우 유리한 위치에 있었다. 먼저 전쟁으로 인한 인적·물적 손실이 거의 없었다. 유럽의 다른 나라가 전쟁으로 엄청난 손실을 입었다는 점을 고려하면 이 점은 무엇보다도 중요하다. 전쟁 기간에 스웨덴은 양질의 철을 비롯하여 전쟁에 직·간접적으로 관련된 물자를 독일에 판매함으로써 경제 상태가 크게 나쁘지 않았다. 다른 나라들이 전쟁으로 엄청나게 파괴되었다는 점에서 대전 직후 스웨덴은 유리한 위치에 있었다. 마셜 플랜으로 스웨덴 스스로 전쟁 복구를 할 수 있었을 뿐 아니라 앞에서 지적한 이유로 원조를 받은 다른 나라의 수요를 공급할 수 있는 준비가 되어 있었다. 전후 복구의 특수, 마셜 플랜, 전쟁으로 인한 손실이 크지 않다는 점 등이 스웨덴이 다른 나라보다 빠르게 경제를 회복하게 만들었다. 그리고 이러한 급속한 경제회복은 복지제도를 근간으로 하는 복지국가 체제를 마련하는 기틀을 제공했을 뿐 아니라 복지정책으로 인한 폐해를 감내할 수 있는 여지를 제공했다.

사회민주당은 1932년 페르 알빈 한손을 총리로 하는 정부를 구성하면서 스웨덴의 집권당이 되었다. 사회민주당은 이후 1951년부터 1957년까지 연립정부를 구성했던 시기를 제외하고는 1976년까지 44년 동안 단독 집권하면서 스웨덴의 주요 복지정책을 수립하였다. 즉 사회민주당의 영향력은 덴마크보다 스웨덴에서 더 컸다. 그리고 이 점이 작금의 스웨덴 경제를 더 어렵게 하는 요인 중의 하나로 여겨진다.

노인에게 지불되는 기초연금의 보편화를 내용으로 하는 기초연금 개혁(1935년), 2주간의 노동휴가제 도입(1938년), 아동보조금[아동수당]의 신설과 가족정책(1947년), 주택보조금 도입과 모든 국민을 위한 주택정책(1948년), 9년제 의무교육도입(1950년), 전 노동자의 3주간 유급휴가제 도입(1951년), 보편적 의료보험제도 도입(1955년), 종합사회보험법 제정(1962년) 등 현재 스웨덴에서 시행하고 있는 복지정책의 대부분이 사민당의 집권기에 만들어졌다.

게다가 1960년대는 2차 상급학교와 대학에 대한 대량투자가 이루어졌고 그 결과 많은 대학과 고등교육기관이 설립되었으며 1970년대에는 많은 분야에서 피고용자의 입지를 강화하는 노동입법이 이루어졌다. 대표적인 것으로는 작업장에서의 공동결정제도(MBL)나 고용안정법이 있다. 이에 따라 고용과 해고는 사용자가 임의로 할 수 없고, 사용자가 노동조합과 협의해야 할 사항이 되었다. 또한 산업안전에 관한 입법이 이루어진 뒤에는 노조가 파견하는 안전관리 대표자가 건강에 유해한 작업을 현장에서 중단시킬 수 있는 권한을 갖는 등, 노동권이 강화되었다.

스웨덴의 복지정책은 제2차 세계대전 이후 1970년대까지 스웨덴 경제가 고도성장을 구가했기에 가능했다. 그러나 1980년대에 이후 저성장, 고실업, 재정적자, 국가부채의 증대로 세수가 감소하면서 복지정책의 개혁이 요구되었다.[6]

1950년부터 1976년까지 복지정책이 본격적으로 도입되면서 정부지출이 급증했고 그에 따라 조세부담률이 빠르게 증가했다. 1950년 이

6 신필균(2011), 40~54쪽 참조.

전까지 조세부담률은 20%를 넘지 않았다. 그러나 복지정책에 의한 정부지출의 증가로 1970년대 후반에 오면 GDP 대비 국민부담률(여기에서 국민 부담이란 직접세, 간접세, 강제성 보험료 등을 합한 것)은 50%를 넘을 때가 많았다. 실업보조금[실업보험]과 느슨한 병가제도의 도입, 기업이 부담하는 사회보장세와 법인세의 증가, 관대한 실업보조금의 지급, 노조에 의한 노임의 급격한 증가, 노동자의 해고 억제, 늦게 입사한 노동자를 먼저 퇴출시키는 원칙의 도입, 노동자의 경영참여제도 도입, 동일노동에 대한 동일임금 지급 원칙 도입 등과 같은 일이 국가에 의해 기업과 개인에게 강제되었을 뿐만 아니라 환율통제 같은 경제통제가 이루어졌다. 스웨덴의 복지국가 정책은 공공부문의 증대와 그와 비례한 비효율의 증대와 민간부문의 위축으로 성장하락, 실업증가, 인플레이션 상승 등의 결과를 초래했다.

좌파 정권의 경제정책 실패는 1976년 중도우파 정권을 집권하게 만들었다. 그러나 중도우파 집권세력은 일관되고 과감한 개혁을 하는 데 실패했다. 당시 필요한 것은 산업을 자유화하고 복지정책을 폐지하는 것이었지만 그런 방향으로의 과감한 개혁은 쉬운 일이 아니었다. 당시 국민은 한편으로는 정부가 실업, 인플레이션, 저성장과 같은 문제를 해결해주기를 바라면서 복지정책이 주는 각종 혜택을 포기하기 싫었다. 개혁은 구호만 요란할 뿐이고 실천은 지지부진했다.

1982년에 다시 좌파인 사회민주당이 집권했다. 집권 세력은 금융규제 일부 철폐, 외환통제 중단, 한계세율과 자본 이득세의 대폭적인 축소 등의 개혁을 단행했다. 이러한 개혁은 경제성과를 개선하는 것이었지만 경제침체의 가속화를 막지는 못했다. 왜냐하면 경제구조가 너무나 경직되어 있었을 뿐만 아니라 과도한 복지정책으로 비효율이 엄청나게 누적되어 있었기 때문이다.

1990년대 초에는 대공황 이후 가장 심각한 경제침체를 경험했다. 대부분의 은행은 도산의 위기에 직면했다. 그 결과 고용과 성장은 급락했고 1960년 국민소득이 세계 3위였던 스웨덴 경제는 15~20위로 내려앉았다. 복지국가를 지향했으면서도 스웨덴이 다른 유럽 국가보다 복지국가의 비효율을 더 오랫동안 견딜 수 있었던 것은 스웨덴이 다른 유럽 국가와 달리 제2차 세계대전의 영향을 거의 받지 않았기 때문이라고 노벨상 수상 경제학자 하이에크는 지적했다.

다른 한편, 올슨(2014)은 스웨덴 경제가 크게 나빠지지 않은 이유로 명시적 재분배(explicit redistribution)를 지목한다. 그는 소득을 재분해하는 방법으로 명시적 재분배와 암묵적 재분배(implicit redistribution)로 구분하고 스웨덴이 소득의 재분배를 위하여 상대적으로 명시적 재분배 정책을 많이 사용해왔기 때문에 스웨덴 경제가 급격히 악화되지 않고 있다는 것이다. 여기에서 명시적 재분배란 실업보조금과 같이 소득 재분배가 명시적으로 드러나는 정책을 말하고 암묵적 재분배란 가격규제와 같이 소득 재분배가 명시적으로 드러나지 않는 정책을 말한다. 올슨이 그렇게 주장한 이유는 명시적 재분배 정책이 암묵적 재분배 정책보다 경제에 미치는 폐해가 작기 때문이라는 것이다. 그러나 그의 주장이 설득력이 있다고 하더라도 스웨덴의 복지국가를 지지하는 주장으로 받아들여져서는 안 될 것이다. 왜냐하면 인위적인 소득 재분배를 안 하는 것이 최선이고 정당하기 때문이다.

경제가 심각한 국면에 이른 1990년대 후반이 되어서야 친시장적인 경제개혁이 받아들여지기 시작했다. 정부지출의 축소, 중앙은행의 엄격한 통화정책에 의한 금융시장 안정, 1991년 법인세율의 56%에서 28%로의 인하, 부유세의 철폐, 일률적인 자본소득세의 도입, 한계세율 인하(1980년대 거의 90%에서 55%로 인하), 노동시장 규제 완화, 통신 · 전기 · 항공 ·

금융 · 우편과 같은 산업에 민간기업 진출 허용 등의 개혁을 단행했다.

무엇보다도 GNP의 약 15.4%에 해당하는 사회보험 예산(2006년 기준)의 약 50%를 점하는 노령연금은 1992년 경제위기와 고령화의 문제로 연기금의 고갈문제가 대두되어 다년간의 논의를 거쳐 1998년 구체적 개혁 내용이 담긴 노령연금 개혁 법안이 의회에서 통과되고 2000년부터 새로운 제도의 시행에 들어갔다. 자세한 내용은 아래에서 서술하고자 한다.[7]

한마디로, 일련의 개혁조치들은 스웨덴식 복지국가 모델에 시장경제 모델을 혼합하려는 시도이다. 그 결과 스웨덴 경제는 2000년 이후 크게 회복되고 있는 모습이다. 그러나 잔존하고 있는 각종 복지제도로 인하여 여러 가지 어려움을 맞고 있는 것도 사실이다. 무엇보다도 스웨덴의 실업률은 공식적으로는 5%대이지만 실질적인 실업률은 20%대에 육박하는 것으로 전문가들은 보고 있다. 게다가 청년실업률은 문제가 더 심각한 것처럼 보인다. 여기에 취업자의 30%는 정부가 세금을 사용하여 인위적으로 창출한 일자리에서 일한다는 사실이다. 결론적으로, 1990년대 후반에 행해진 친시장적인 경제개혁은 이후 스웨덴 경제의 성과를 크게 개선하였지만 높은 실업률에서 보듯이 경제가 여전히 어려운 것도 사실이다.

7 신필균(2011), 136~155쪽 참조.

3

결론: 간섭주의의 결과

1920~1930년대 서양을 휩쓴 경제위기는 각국 정부의 시장에 대한 극심한 간섭에 의해 초래된 것이다.[8] 무엇보다도 화폐제도와 금융제도에 대한 간섭이 당시 경제위기의 가장 중요한 원인이라고 하겠다. 경제위기는 전대미문의 실업을 초래했다. 이러한 위기는 당시 대부분의 국가에서 사회주의 지향의 정책을 전개했다.

지정학적인 이유로 북부 유럽 국가들은 공산주의 종주국인 당시의 소련 연방의 영향을 많아 받았다. 그 점을 십분 이용하여 스타인케 같은 북부 유럽의 사회주의자들은 '공산화를 막아야 한다.'라는 이유로 북부 유럽 국가에 평등주의 또는 사회주의를 도입할 것을 강력히 주장했다. 북부 유럽의 사회주의자들은 사회주의를 도입하는 이유로 공산화 방지라는 '공익'(public interest)을 주장한 것이다.[9]

그러나 공익은 표면적인 것이고 실제로는 평등주의의 도입으로

8 미국의 대공황에 대한 자세한 설명은 Rothbard (1975) 참조.

9 역사적 사건이나 제도의 도입이 공익을 위한 것이냐, 경제적인 동기를 위한 것이냐하는 문제는 역사학에서 다루어야 할 쟁점이다. 역사가가 역사적 사건 또는 제도의 도입을 평가하는 방법에 대한 설명으로는 Rothbard (1974), 4~7쪽 참조.

다수 세력인 노동자와 농민이 '경제적인 이득'(economic interest)을 얻는 것이었다. 북부 유럽의 복지국가 체제는 공익이 아니라 경제적인 동기에 의한 것이라는 주장이다. 여기에서 이 주장을 증명하는 것은 쉽지 않다. 사회주의로 노동자와 농민이 경제적인 이득을 보게 된 점을 아래에서 보게 될 것이다. 물론 이 점은 심도 있는 연구가 필요한 부분이다.

덴마크와 스웨덴도 1930년대의 경험을 토대로 1950~1973년에 대대적인 복지제도를 도입했다. 1973년 오일 쇼크라고 알려진 세계적인 경제위기의 발발로 두 나라가 보편적 복지제도를 더 이상 유지할 수 없다는 것을 알게 되었다. 복지제도를 구조조정하지 않을 수 없었다. 그러나 현상을 유지하고자 하는 집단주의가 개혁과 구조조정의 발목을 잡았다.

자본주의가 정부의 간섭으로 위축되면 경제위기가 발생하고 그런 문제를 해결하기 위하여 복지정책을 도입하면 비록 일시적으로는 개선되거나 악화되지는 않지만 장기적으로 문제는 더 악화된다. 악순환에 들어가는 것이다. 다른 한편으로 일부에서는 시장주의적인 정책을 도입하지 않을 수 없다. 그 결과는 개혁과 개악이 동시에 진행되고 두 가지 변화의 결과도 서로 상쇄하게 되지만 순효과는 긍정적인 경우도 있고 부정적인 경우도 있다. 대공황 이후에 경제 회복 속도가 나라마다 달랐던 것은 바로 이런 이유 때문인 것으로 여겨진다.

초장기적인 관점에서 보면 사회주의와 간섭주의가 자본주의를 압도하게 되면, 즉 경제 내에서 사회주의적 요소와 간섭주의적 요소가 지배적이 되면 결국 국가와 문명은 파멸한다. 미제스는 로마가 초기에는 매우 자유로운 국가였으나 후기에는 점점 더 간섭주의가 시장과 경제를 지배했다고 설명한다.[10] 그 결과 미제스는 로마 제국이 다음과 같이 종말

10 Mises (1996), 762~768쪽 참조.

을 고했다고 강조하고 있다. "로마 제국은 자유주의 정신과 자유기업 정신을 결여했기 때문에 산산이 부서져 먼지가 되었다. 간섭주의 정책과 그 정치적 귀결인 총통(Fuhrer) 원리[옮긴이 주, 지도자인 총통이 모든 것을 결정한다는 의미]가, 어떠한 사회 실체건 반드시 항상 해체하고 파괴하듯이, 강력한 [로마]제국도 해체됐다."[11]

11 Mises (1996), 769쪽 인용.

제4장

덴마크와 스웨덴의 고민

1. 덴마크와 스웨덴 복지정책의 개관
2. 높은 실업률과 위장 실업
3. 자본가들의 홀대와 제조업의 추락
4. 배급제 의료와 긴 대기시간
5. 높은 교육비 지출과 너무 많은 교사들
6. 퍼즐 생활과 가족관계의 특수성
7. 연금제도의 잦은 변경과 보편주의의 포기
8. 임대료 통제와 임대 아파트의 부족
9. 높은 국민부담률과 고급인력의 해외 이주
10. 강제 불임과 국가의 폭압성

1

덴마크와 스웨덴 복지정책의 개관

덴마크와 스웨덴 복지정책의 기본 특징은 '일하지 않는 자, 풍요로울 수 없다'라는 구호에 잘 나타나 있다. 복지정책은 기본적으로 근로에 따르는 소득에 비례하여 만들어진 것이다. 다만 질병, 실업, 사고 등의 이유로 소득이 없는 경우를 위하여 최소한의 복지를 제공한다. 그리고 교육 같은 서비스는 보편주의에 입각하여 모든 국민이 그 서비스를 향유할 수 있도록 한다.

두 나라 복지제도의 다른 특징은 남성과 여성의 평등에 근거하고 있는 '양성생계부양자모델'(dual breadwinner model)이다. 양성생계부양자모델이란 부부가 모두 생계를 부양하기 위하여 돈을 벌고 그에 따라 세금을 낼 뿐 아니라 연금을 포함한 각종 복지혜택의 수급도 각자가 받는 모델을 말한다. 조세정책에서 자세히 보겠지만 덴마크는 모든 복지를 세금으로 충당하고 있다면 스웨덴에서는 국민 각자의 기여금이 상당한 비중을 차지하고 있다.

여기에서는 스웨덴 복지정책의 전체적인 특징을 개관하고자 한다. 덴마크의 복지정책에 대한 자료는 단편적이고 종합적이지 않기 때문에 각 절에서 가능한 한 자세히 설명한다. 다만 덴마크 복지정책의 큰 틀-즉 복지가 소득에 비례하고, 예외적인 경우에 최소한의 복지를 제공하며, 일부 서비스는 보편주의에 입각하여 실행하는 것을 말함-은 스웨덴 복지정책의 틀과 큰 차이가 없다는 점을 지적해 둔다. 그리고 최근에는 두 나라 공히 소비자에게 선택권을 주고 공급 측면에서도 민간 공급자를 허용하는 등의 개혁을 실행하고 있다. 비록 산업에 따라서는 그 효과가 미미한 것도 사실이지만 말이다.

〈표 2〉와 〈그림 1〉(본 책 84쪽)은 스웨덴 복지제도를 사회보장 형태별로 구분한 것이다. 복지제도는 보조금의 형태에 따라 크게 4가지로 구분할 수 있다. 첫째는 소득에 비례하여 보조금이 결정되는 것이다. 전체 복지소득에서 약 36%를 차지하고 있다. 여기에는 다시 4가지가 있다. 실업보조금[실업보험], 질병보조금[질병보험], 육아휴직보조금[육아휴직보험], 소득비례연금 등이다. 이것들은 모두 소득에 비례하여 기여금을 내고 복지혜택도 기여금에 비례한다.

두 번째로는 개인이 혜택을 현물로 받는 것이다. 보육, 학교 교육, 의료, 고령자 복지 등이 여기에 속한다. 전체 복지의 약 55%를 차지하고 있다. 재원은 국민이 지방세로 납부한 것이다.

세 번째로는 정액으로 보조금을 주는 경우이다. 여기에는 아동보조금[아동수당], 양육비보조금[양육비보전], 대학생보조금[대학생수당] 등이 있다. 전체 복지의 약 4%를 차지하고 있다. 재원은 국세이다.

네 번째로는 사회부조를 위해 보조금을 주는 것이다. 여기에는 생활보호보조금, 최저보장연금보조금[최저보장연금], 주택수당보조금[주택수당] 등이 있다. 전체 복지의 약 4%를 차지하며 재원은 국세와 지방세이다.

요약하면, 스웨덴 복지정책의 중심은 소득비례형 보조금[소득이전]과 현물 보조금[급부]이다. 이 두 가지가 전체 복지정책 지출의 약 91%

〈표 2〉 스웨덴 복지정책의 사회보장 형태별 구분

복지형태별 구분	복지의 종류	복지의 내용	복지제도의 비중[1]	재원
소득비례형 보조금 [소득이전]	실업보조금[실업보험][2]	최대 450일, 월 기준 : 116만원 ~ 247만원	36%	사회 보험료
	질병보조금 [질병보험]	최소 1일에서 최대 550일까지 보장 월 기준 : 140만원 ~ 급여의 80%		
	육아휴직보조금 [육아휴직보험]	최대 480일(1년 4개월) 월 기준 : 89만원 ~ 440만원		
	소득비례연금	보험요율은 급여의 18.5%로 고정 국가운용 : 16%, 개인운용 : 2.5%		
현물 보조금 [급부]	보육보조금	소득수준에 비례한 자기부담액 보육원 운영비의 5/6를 지자체가 부담	55%	지방 소득세
	학교교육 보조금[3]	초등교육에서 대학교육까지 원칙적으로 무료 과외활동 및 방과 후 시설이용료 유료		
	의료보조금	18세 이하 자녀 병원비 전액 무료 진료비 150만원, 의약품 30만원 이상 무료		
	고령자복지 보조금	재택장기요양서비스, 장기요양시설입주 등 자기부담액 28만원 이하(2010년 기준)		
정액 보조금 [소득이전]	아동보조금 [아동수당]	한 명당 17만원(18세 미만) 지급 다자녀 가산 보너스 제도(2명 이상)	4%	국세
	양육비보조금 [양육비보전]	어린이 연금, 장애자 보호수당, 주택보조, 부모 급부금		
	대학생보조금 [대학생수당]	직업대학(주당 : 11만원), 일반대학(최장 6년 매학기 일정단위 이상 수료 시 지급)		
사회부조 보조금 [소득이전]	생활보호보조금	일 년 이상 거주, 16~64세 이하 적정생활수준 유지를 위한 금액 지원	4%	지방세와 국세[4]
	최저보장연금보조금 [최저보장연금]	소득비례연금과 적립연금이 일정수준에 미치지 못할 경우 지급(65세 이상)		
	주택보조금 [주택수당]	무자녀 청년, 18세 미만 자녀를 가진 세대(일정소득 이상 시 지급 중단) 주거의 크기, 소득, 자녀수에 따라 차등 지불		

출처: 유모토 켄지 외(2011), 김주숙(2000), 신필균(2011) 등을 참조하여 작성.

주 1. 사회보장지출 전체에서 차지하는 비율임. 이 수치는 유모토 켄지 외(2011)에서 인용.
2. 실업보조금은 임의가입이고 실업보험기금은 노동조합이 관리하지만 재원의 대부분은 사회보험료임.
3. 대학교육은 간호사 교육 등을 제외하면 국가 관할로 국세가 재원임.
4. 생활보호는 지방세, 최저보장연금과 주택수당은 국세에 속함.

를 차지하고 있다.

덴마크와 스웨덴, 두 나라 복지정책 공히 소득에 비례하여 보조금[소득]을 주는 경우를 제외하고 일정한 조건만 갖추어지면 모든 사람이 혜택을 받을 수 있다. 그 점에서 보편적 복지제도라고 한다. 모두가 보조금[혜택]을 받지만 소득세 등, 각종 부담은 엄청나게 누진적이다. 그 결과 소득의 불평등은 어느 정도 감소된다. 다만 이것이 하향평준화의 결과라는 것이다. 그리고 아래에서 자세히 보겠지만 복지정책은 부문별로 각종 문제점도 만들어낸다.

〈그림 1〉 스웨덴 복지정책의 사회보장 형태별 구분

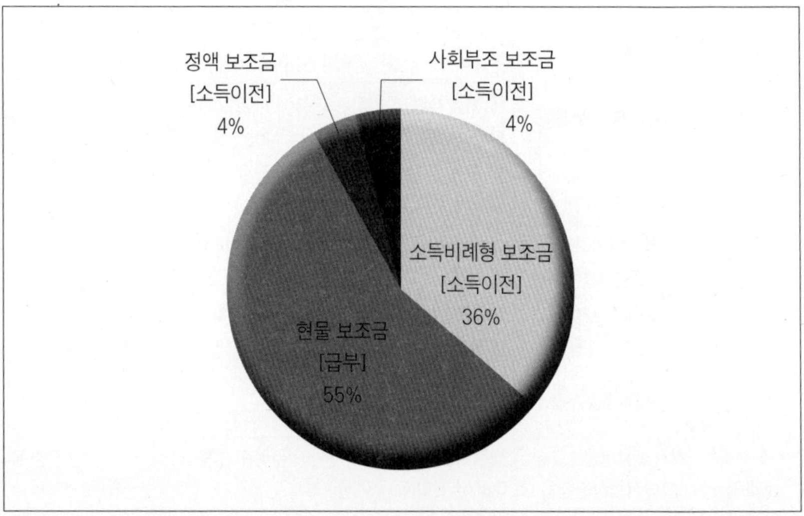

2

높은 실업률과 위장 실업

소득의 안전성이라는 관점에서는 완전고용이 가장 중요하고 소득의 평등이라는 관점에서는 노동자가 받는 임금을 얼마나 평등하게 만드느냐 하는 것이 문제가 된다. 완전고용은 거시적 차원과 미시적 차원의 정책이나 제도가 있으나 전자는 분석에서 제외한다. 소득을 자본소득 · 노동소득 · 토지소득 등으로 나눈다면, 노동소득의 결정에 가장 중요한 것은 노동조합 · 정부의 노동과 관련한 복지제도 · 정부의 노동정책 등일 것이다. 세 가지 중에는 노동조합이 가장 중요하다. 그리고 뒤에서 자세히 보겠지만 그 세 가지는 인과 관계를 가지고 있다. 그 인과관계란 노동조합의 폐해 때문에 복지제도가 만들어졌고 복지제도의 폐해 때문에 소위 적극적 노동정책이라는 제도가 시행되고 있는 것을 가리킨다.

덴마크와 스웨덴 노동시장의 문제점은 크게 5가지로 나눌 수 있다. 높은 실업률과 그보다 더 높은 청년실업률, 고용의 비정규직화, 즉 고용불안의 증대, 직장의 불안전성과 불평등 확대, 앞의 요인들로 인한 사회 불안과 통합의 저해, 과다한 복지 등이다. 과다한 복지는 결과이기도 하고 다른 문제점의 원인도 된다는 점에서 앞의 4가지와 다른 것이다. 여기에서는 먼저 두 노동시장의 이러한 문제점을 면밀히 검토하기로 한다.

첫째, 두 나라의 연도별 실업률과 청년실업률이 〈표 3〉에 나와 있다. 덴마크의 경우에 실업률이 1994년에 8.0%로 높은 수치이다. 실업률은 이후 2008년까지 지속적으로 하락했지만 2009년에 다시 상당히 증가하여 6.0%이다. 청년실업률은 1996년에 10.6%까지 상승했고, 그 이후 하락했지만 2009년에 11.2%로 조금 더 상승했다. 비정규직 일자리도 전체 노동력에서 15~20% 내에서 지속적으로 발생하고 있다. 여기에서 비

〈표 3〉 덴마크와 스웨덴의 연도별 실업률, 청년실업률, 파트타임 비중 [단위 : %]

국가	덴마크			스웨덴		
연도	실업률	청년실업률	파트타임 비중	실업률	청년실업률	파트타임 비중
1994	8.0	10.2	17.3	8.0	-	15.8
1995	7.0	9.9	16.9	7.7	-	15.1
1996	6.9	10.6	16.6	8.0	-	14.8
1997	6.1	8.1	17.2	8.0	-	14.2
1998	5.5	7.2	17.1	6.5	-	13.5
1999	5.5	9.9	15.3	5.6	-	14.5
2000	4.6	6.7	16.1	4.7	-	14.0
2001	4.8	8.3	14.7	4.0	-	13.9
2002	4.7	7.4	15.5	4.0	-	13.8
2003	5.5	9.2	16.2	4.9	-	14.1
2004	5.6	8.5	17.0	5.5	-	14.4
2005	5.0	8.6	17.3	6.0	25.0	13.5
2006	4.1	7.7	17.9	5.4	20.0	13.4
2007	4.0	7.9	17.3	6.1	19.1	14.4
2008	3.3	7.6	17.7	6.2	21.3	14.4
2009	6.0	11.2	18.9	8.3	22.6	14.6

출처 : 국가통계 포털(kosis.kr)/국제기구 회원국별 통계/OECD/노동 · 임금.
단 스웨덴 청년실업률은 Eurostat European Commission, *Europe in Figures Eurostat Yearbook*, 각 년판

주: 1. 청년실업률(15~24세, ILO추정).
2. 파트타임이란 주당 30시간 미만을 근무하는 노동자를 말함.

정규직이란 주당 30시간 이하의 노동을 하는 노동자를 지칭한다.

스웨덴의 경우에 실업률은 1994년에 8.0%에서 2000년 초까지 감소하다가 2009년에는 다시 8.3%로 증가했다. 15~24세의 청년실업률은 2005년 25.0%, 2006년 20.0%, 2007년 19.1%, 2008년 21.3%, 2009년 22.6% 등으로 매우 높은 편이다.[1] 청년실업률은 덴마크보다 스웨덴에서 매우 높다. 이 점은 아래에서 자세히 검토할 것이다. 비정규직 비중은 전체 노동력의 13~16% 수준으로 덴마크보다 형편이 조금이나마 좋다.

그러면 공식 실업률은 얼마나 신뢰할 수 있는가? 임양택(2011)은 다음과 같은 지적을 하고 있다. "스웨덴의 공식 실업률은 2006년에 6%에 불과했지만 실제로는 17%에 육박했다. 그 괴리는 장기 병가로 일자리를 떠나 있는 사람들을 고용상태로 처리하는 등, 실업 통계수치가 조작되었기 때문이다. 스웨덴의 청년실업률은 유럽에서 최고 수준이다."[2] 여기에 대학이나 고용훈련 프로그램에 참가하는 노동자도 실업자로 계산되지 않는다. 스웨덴의 경우에 2009년 현재 고용훈련 프로그램에 참가하는 인원은 약 130,000명이다.[3] 그 점을 고려하면 두 나라의 실제 실업률과 청년실업률은 통계에서 나오는 수치보다 크다는 것을 짐작할 수 있다. 경제가 안 좋아지면서 명예퇴직을 하는 경우도 있을 수 있다. 두 나라에서는 연금제도가 잘 발달되어 있는 만큼 명예퇴직이 다른 나라에 비하여 더 많이 일어날 수 있다. 아무튼 공식 실업률은 실제 실업률보다 훨씬 낮은 것이다. 요약하면 두 나라에서 실제의 실업률과 청년실업률은 공식 통계보다 더 크고, 고용의 비정규직화, 즉 고용불안이 고착화되고

1 참고로 15~24세의 청년실업률은 2012년 3월 현재 그리스 51.2%, 영국 21.9%, 독일 7.9%, 호주 11.9% 등이다.

2 임양택(2011), 135쪽 인용.

3 유모토 켄지 외(2011), 162쪽 참조.

있는 것이 현실이다.

게다가 노르웨이에서 일하는 스웨덴인은 현재 약 75,000 명이고 5년 전에 비해 두 배 가량 증가한 것이라고 노르웨이 통계청을 밝히고 있다. 여기에는 청년 구직자, 의사, 변호사, 과학자 등의 전문직 종사자도 포함돼 있다고 한다. 노르웨이에서 일하는 스웨덴인은 노르웨이 전체 근로자의 약 3% 정도라고 한다. 한 마디로, 일부 스웨덴 국민은 '팔려가는' 노동자 신세로 전락하고 있는 것이다.[4]

특히 청년실업률이 전체 실업률보다 큰 것은, 노동조합이 나이가 적은 사람이 해고 후에 현실에 적응하기 쉽기 때문에 노동자를 해고하는 사태가 발생하면 제일 마지막에 회사에 입사한 사람을 제일 먼저 해고하는 규정을 만들어두고 있기 때문이다. 특히 스웨덴은 단체협약에서 명시적으로 규정하고 있다. 그런 규정이 없는 경우에도 기업은 미숙련자나 숙련의 정도가 약한 노동자를 먼저 해고할 수밖에 없다. 두 나라에서 근속 연한이 짧은 청년의 임금이 상대적으로 높은 임금 구조에서도 그 원인을 찾을 수 있다. 이 점은 아래에서 좀 더 검토할 것이다.

둘째, 실업률과 청년실업률이 높을 뿐 아니라 상당한 기간 동안 지속되고 있다는 것은 직장 또는 직업의 안전성이 떨어져 있음을 의미한다. 이에 따라 소득도 불평등이 확대될 가능성이 크다. 고용 불안이 지속되고 있다는 것은 그 자체가 사회 불안과 통합을 저해하는 요인으로 작용한다. 이민자 같은 소수 집단의 실업은 쉽게 사회 불안으로 이어질 수 있다. 뒤에서 자세히 보겠지만 두 나라에서는 노동시장의 여러 가지 문제를 해결한다는 명목으로 각종 복지정책을 시행하고 있다. 그리고 최근

4 조선일보 2012년 12월 24일자

덴마크는 실업보조금[실업보험] 지급 기간을 과거에는 무한대로 했다가 최근 2.5년으로 대폭 감축했다.

앞에서 노동시장의 주요 문제점을 설명했다. 그런 문제점을 일으키는 요인들 중에서 가장 중요한 것은 노동조합이다. 여기에서는 분석에 들어가기 전에 두 나라에서의 노동조합의 역할과 영향을 먼저 보기로 한다.

덴마크와 스웨덴의 노동시장에서의 노동조합의 역할과 정부의 노동정책에 대해서는 간섭주의를 적용하는 것이 가장 정확할 것으로 여겨진다. 오래 전에 덴마크와 스웨덴에서 사용자들과 노동자들이 엄청난 갈등을 겪고 난 뒤에 노동자들은 임금 결정권을 가지게 되었을 뿐 아니라 해고도 매우 어렵게 했다. 이때 임금 결정권이란 임금을 노동자 대표가 사용자 대표와 협의하여 결정하지만 언제나 시장임금보다 높게 결정할 수 있다는 의미이다. 그리고 덴마크와 스웨덴을 연구하는 전문가들이 최근에는 두 나라에서 해고가 매우 자유롭다고 지적하고 있다.[5]

그러나 특히 스웨덴에서 해고 관련 규정은 너무 많고 규칙은 까다롭다. 예를 들어, 잉여인력을 해고하기 위해서는 사전 통지 기간이 필요하다. 최저 1개월부터 시작해서, 근속 2년은 2개월, 근속 2년마다 1개월씩 늘어나고 최장 6개월까지 길어진다.[6] 고용주는 이외에도 '해고순서의 규칙', '재고용 우선권', '해고결정 수속' 등을 지켜야 한다. 이것은 해고가 다른 나라에 비해 용이할지도 모르지만 절대적인 관점에서는 상당히 어려운 것처럼 보인다. 당초 노동자의 고용과 해고는 고용주의 권리이기 때문이다. 스웨덴에서는 10인 이하의 소기업에게는 해고를 쉽게 할

5 덴마크에 대해서는 정원호(2005), 신광영(2009), Madsen (2004, 2009), OECD (1999) 등을 참조. 스웨덴에 대해서는 유모토 켄지 외(2011) 참조. 신광영(2009)은 덴마크는 해고가 비교적 자유롭지만 스웨덴은 그렇지 않다고 주장한다. 좀 더 심도 있는 연구가 필요한 부분이다.

6 유모토 켄지 외(2011), 130쪽 참조.

수 있도록 허가한 것은 그 점을 반증하고 있는 것처럼 보인다. 비록 해고권을 사용자가 보유하고 있지 않다고 하더라도, 예를 들어 기업이 성장하는 경우에 노동자를 더 채용하지 않는 방법으로 고용 인원을 사용자가 조절할 수는 있다. 그러나 기업이 자신이 원하지 않는 노동자를 고용하고 있는 상황이 발생할 수도 있다.

요약하면, 노동조합이 단체협상을 통해 임금을 결정하는 것은 간섭주의의 일종이기 때문에 간섭주의적 관점에서 두 나라의 노동시장 관련 정책을 분석할 때만이 노동 관련 현상을 정확히 분석하고 설명할 수 있다.

여기에서 먼저 덴마크만의 노동시장의 특징과 최근의 변화를 간략히 보기로 한다. 덴마크에서는 2001년 이후 몇 가지 노동 관련 법률이 개정되었다. 첫째, 임시직 고용을 제한하는 노동조합과 사용자 단체 간의 집단적인 합의를 금지했다. 즉 어떤 상황에서도 임시직 고용을 허용한다는 것이다. 노동시장의 유연성을 높이는 조치라고 하겠다.

둘째, 정부는 2002년에 겐트시스템(Ghent system)으로 알려진 실업보험기금(unemployment insurance funds) 규칙을 개정했다. 그 이전까지 정부가 정한 영역 또는 산업에 속한 실업자에게 지원을 할 수 있었으나 2002년에 그런 제한을 폐지했다. 실업보험기금은 정부가 세금으로 그 비용을 지원하지만 대상자의 선정, 기금의 관리 같은 업무는 노동조합이 관장한다. 노동조합이 실업보험기금을 관리하게 함으로써 대부분의 노동자를 노동조합에게 가입하게 만들어 왔다. 최근에는 노동조합을 거치지 않고 기금에 직접 연결되어 있는 노동자가 늘어나는 추세이다. 이 점이 노동조합의 조직률에 어떤 영향을 미칠지가 향후 노동조합의 영향력을 좌우할 것으로 예상된다.

셋째, 1980년 이후 임금 협상의 분권화에도 불구하고 국제적인 기준과 비교할 때 노동자 그룹 간의 임금 격차는 크지 않다. 노조원과 비노조원 간의 임금 격차는 존재하지 않는다. 왜냐하면 고용주가 임금 차별을 할 수 있도록 허용되어 있지 않기 때문이다. 그 점에서 노동조합의 영향력은 절대적이다.

남성과 여성에 대한 차별은 어떤가? 덴마크에서 노동조합은 남성과 여성의 임금 차별을 금지하고 있다. 그 결과 실제로 남성과 여성의 임금 차이는 크지 않다.

노동자 그룹 간 임금 격차, 남성과 여성 간의 임금 격차 등을 억제하면서 노동조합이 임금을 협상하는 것은 임금의 상향 평등을 초래한다. 그러나 근속 연수, 기술의 숙련도 등이 임금에 어떤 영향을 미치고 있는지는 분명하지 않다. 더 많은 연구가 필요한 대목이다.

노동시장연금(labor market pension)은 집단 연금 기금이지만 가입자가 개별 계좌를 가지고 있게 되는 것으로 현재 덴마크 노동자의 80% 이상이 개별 계좌를 가지고 있다. 전체 임금의 7.2%를 고용주가 내고 3.6%를 노동자가 납부하여 총합 10.8%가 된다. 오늘날 이 연금은 노동조합원의 이탈을 방지해주는 효과가 있기 때문에 모든 노동조합이 환영하고 있다. 그러나 이런 강제적인 연금은 결국 재화의 가격을 끌어올리는 방향으로 작용할 것이다. 이 점은 국제화 시대에 기업의 경쟁력에 부정적인 영향을 미치는 것이다.

덴마크는 2004년 이후에 토론을 통해 주요 사적 부문의 단체협상에서 부모휴직기금(parental leave fund)을 설정하는 것을 결정했다. 이 기금의 설립 목적은 여성, 특히 젊은 여성이 출산으로 인하여 차별을 받지 않도록 하기 위한 것이다. 그러나 사적 노동시장의 상당한 부문이 이 기금의 대상이 되지 않아서 이 부문 종사자들을 위하여 정치권에서 기금을 마련했다.

앞에서 나열한 것 이외에도 노동조합은 작업시간의 단축, 휴가기간의 연장 같은 문제를 사용자와의 협의를 통해 결정하고 있다. 1990년대 작업시간을 주당 37시간에서 35시간으로 단축했다. 휴가기간은 연 5주에서 6주로 연장하는 것을 적극적으로 도입하는 쪽으로 가는 추세이다. 일부에서는 단체협상을 통해 선택적 방법으로 연 6주 휴가를 이미 도입을 하고 있는 실정이다.

다음으로 스웨덴만의 노동시장의 특징과 최근의 변화를 간략히 설명하기로 한다. 정규직과 비정규직의 구분은 스웨덴에서는 '무기고용'과 '유기고용'으로 구분한다. 2007년부터 유기고용, 즉 비정규직은 이유를 묻지 않고 최장 2년간 고용할 수 있다. 근무시간의 길이에 따라 풀타임 노동자와 파트타임 노동자로 구분할 수 있다. 파트타임 노동자가 반드시 비정규직 근로자일 필요는 없다. 어떤 경우에 파트타임으로 일하는 정규직 근로자도 있다. 많은 경우에 유기고용, 파트타임 노동자가 늘어나는 것은 근본적으로 일자리가 그만큼 없기 때문이다. 이것도 근본적으로는 노동조합의 임금 인상 때문에 발생하고 있는 것이다. 남녀기회균등법은 1994년에 제정되었으나 2001년에 의무화되었다. 1993년 상용형 파견이 허용되었다.

무기고용, 유기고용, 풀타임, 파트타임, 남성 노동자, 여성 노동자, 파견직 노동자 등의 구분 없이 고용주는 모든 노동자에게 동일한 조건이라면 동일 임금을 지급해야 하고 차별을 해서는 안 된다. 그리고 고용주는 그가 지불하는 임금의 31.42%에 해당하는 금액을 사회보험료(고용주가 부담하는 연금보험료 포함)로 납부해야 한다. 정규직 풀타임이 아닌 각종 형태의 비정규직 노동은 임금보다는 유연한 해고와 노동시간의 신축이 용이하기 때문에 도입한 것이다.

두 나라의 노동시장에서 규제가 어느 쪽이 많은가 하는 것은 실업률, 청년실업률, 비정규직 비중만으로는 가늠하기 어렵다. 다만 제도적으로 볼 때, 뒤에서 보겠지만, 동일노동 동일임금 정책을 오랫동안 더 엄격하게 적용한 스웨덴이 덴마크보다 규제가 더 많다고 여겨진다. 게다가 직종 간, 근속연한 간의 임금 등에 있어서 스웨덴이 덴마크보다 더 억제된 것으로 보이기 때문이다. 청년의 고용에서도 스웨덴이 덴마크보다 더 까다로운 것으로 보인다.

덴마크와 스웨덴에서 노동정책의 핵심은 노동시장에서 노동조합의 역할이다. 노동시장에서 노동조합의 특징을 설명하기 전에 두 나라에서 노동조합의 영향력이 이토록 강력한 이유를 간략히 분석하기로 한다. 두 나라에서 노동조합은 사회민주당과 공생 관계에 있다. 노동조합은 사회민주당에게 자금과 정치적 지지를 바치고 사회민주당은 그 대가로 노동자들과 노동조합을 위한 각종 입법을 제안하고 통과시킨다. 덴마크보다는 스웨덴에서 이러한 경향이 더 두드러지는 것 같다. 실제로 두 나라에서 복지 관련 입법이 왕성했을 때 스웨덴 사회민주당이 덴마크보다 더 오래 집권했기 때문이다. 샌드버그(1998)는 스웨덴에서 이 점을 다음과 같이 지적하고 있다. "기업가가 노동조합과 갈등을 겪게 되는 것은 곧바로 정부와 갈등을 겪는 것으로 이어졌다."[7]

두 나라의 노동시장에서 노동조합의 역할이 두 나라의 경제성장 과정에서 서로 달랐고 지금도 어느 정도 다른 것이 현실이다. 그러나 몇 가지 주요한 점에서 큰 차이가 없기에 동일한 점을 하나로 묶어서 분석하고 각각의 차이를 분리해서 기술하는 것이 무리가 없을 것으로 여겨진다. 그 동일한 점이란 다음과 같다.

첫째, 노동조합의 조직률이 70~80%로 매우 높다는 것이다. 그러

7 샌드버그(1998), 23쪽에서 인용.

므로 사실상 두 나라의 노동시장은 노동조합의 직접적인 영향 하에 있다고 해도 과언이 아니다. 다시 말하면 두 나라는 노동시장 전체가 '집단주의'(collectivism)라는 것이다. 노동조합은 사용자 단체와의 단체교섭에서 직무내용과 경험, 교육수준, 직계별로 나누어 세부 임금 수준을 협의하여 결정하고 근무시간과 휴가규정, 노동환경 등, 노동에 관한 다양한 규칙을 자주적으로 결정하고 단체협약을 체결한다. 여기에서 가장 중요한 것은 노동조합이 자유시장에서 결정되는 임금보다 더 높은 임금을 받도록 하는 것이다.

이제 덴마크 노동조합과 관련한 사항을 간략하게 보기로 한다. 〈표 4〉와 〈그림 2〉는 덴마크의 연도별 노조조직률을 보여준다. 2005년 현재 노조조직률은 자영업자를 제외한 노동력의 76.8%이다. 이렇게 노조조직률이 매우 높은 것은 다른 나라에서는 노조가 결성되어 있지 않은 대졸자, 매니저 같은 화이트칼라도 덴마크에서는 노조에 가입하고 있기 때문이다. 이 점은 스웨덴도 유사하다. 그러나 노조조직률은 1995년을 정점으로 상당히 하향하고 있다. 이것은 노동자의 수가 증가하는 데 비하여 노조가입자의 수는 미미하게 증가하고 있기 때문이다. 그리고 이 점은 노조의 협상력과 정치 · 사회적인 영향력에 부정적인 영향을 미칠 것으로 예상할 수 있다. 즉 노조조직률의 감소는 경제에 긍정적인 영향을 미칠 것을 예상할 수 있다.

〈표 4〉 덴마크의 연도별 노조조직률 [단위: 천 명]

	1980	1985	1990	1995	2000	2005
노동력 (자영업자 제외)	2,246	2,434	2,674	2,617	2,759	2,753
노조조직률(%)	77.8	80.7	78.8	82.7	78.4	76.8

자료: Scheuer (2007), 236쪽 〈표1〉에서 재인용.

〈그림 2〉 덴마크의 연도별 노조조직률

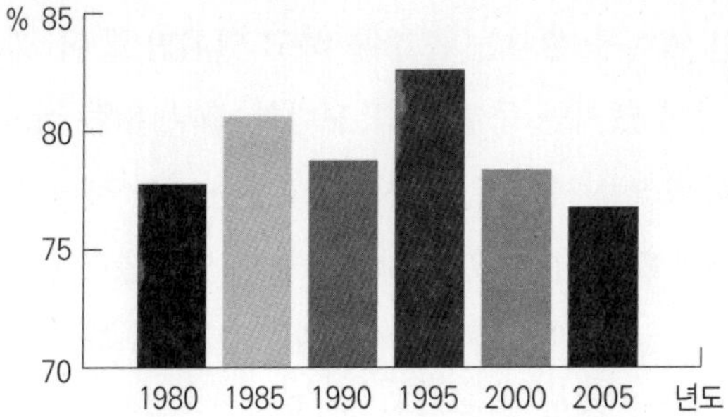

이와 함께 2000년 현재 사적 부문에 국한해서 볼 때 노조조직률은 82%, 회사들이 단체협상을 선택한 비율이 71%이다. 자발적으로 단체협상에 들어가는 비율이 매우 높지만 화이트칼라의 단체협상 참가율이 낮기 때문에 노조조직률보다 단체협상 참가율이 낮은 것이다. 이것은 뒤에 보겠지만 부분적으로는 실업보험기금(unemployment insurance funds) 때문이다. 그리고 덴마크에서 노조조직률, 단체협상 참가율 등은 매우 안정적이다.

둘째, 특히 스웨덴에서는 '렌-마이드너 모델'(Rehn-Meidner model)에 따라 동일 산업이나 동일 부문에서 '동일노동 동일임금'(equal pay for equal work)의 원칙을 적용해 왔다.[8] 동일노동 동일임금이란 산업 간 또는 기업 간에 있어서 생산성 또는 이윤율의 차이에 상관없이 동일한 일을 하면 동

8 렌-마이드너 모델의 구성요소는 네 가지이다. 정부의 저축과 정부의 직접투자 촉진, 자유무역 정책과 사적 소유 허용, 연대임금정책, 적극적 노동시장 정책 등이다. 스웨덴 경제에서 가장 중요한 것은 노동시장 관련 정책이고, 그 중에서도 연대임금정책에서 핵심은 동일노동 동일임금 정책이다. 힐슨(2010), 97쪽 참조.

일한 임금을 주는 정책을 말한다.[9] 집단주의가 극명하게 나타난 것이 동일노동 동일임금 원칙이다. 일부 연구자는 동일노동 동일임금 원칙이 유럽에 긍정적인 기여를 했다는 주장을 하고 있지만 틀린 것이다. 덴마크에는 그런 원칙이 없지만 두 나라를 포함한 북부 유럽 국가들은 정책의 입안과 실행 등에 있어서 서로 영향을 주고받는다는 점에서 그 원칙이 적용된다고 주장해도 무리가 없다. 노동조합의 임금결정과 동일노동 동일임금이 노동의 수급에 미친 영향을 아래에서 자세히 분석하고자 한다.

셋째, 동일한 직업 내에서는 남녀 간, 근무연한 간, 노조원과 비노조원 간에 임금의 차이를 억제해 왔다. 이것을 소위 '연대임금정책'(solidaristic wage policy)이라고 한다. 물론 직업에 따라 근무연한이 생산성 향상에 크게 기여하는 경우에는 근무연한에 따라 임금이 차이가 나는 경우도 있다. 그러나 상당수의 직업, 예를 들어 건설노동자, 금속공, 조립공, 교원, 보육사 등은 근무연한이 생산성에 미치는 영향이 작다는 이유로 근무연한에 따른 임금의 차이가 크지 않다. 어떤 경우에는 일정한 기간이 지나고 난 뒤에 임금이 크게 상승하고 그 이후에는 다시 큰 변화가 없는 직업도 있다. 아마도 바로 이 이유로 무료임에도 불구하고 대학진학률이 높지 않는 것으로 여겨진다. 물론 이것은 여러 가지 이유 중의 하나일 것이다. 연대임금정책은 직업에 따라, 근무연한에 따라, 공무원 여부에 따라, 뒤에서 보겠지만 노동조합에서 결정하는 임금이 시장가격보다 높은 정도를 각각 다르게 만들고 있다. 이 점은 아래에서 자세히 다룰 것이다.

---

9 이 원칙은 1970년대 중반에 '모든 노동 동일 임금'(equal pay for all work)이라는 원칙으로 확대되었다. 이 원칙은 산업 또는 기업 내에서 직무 간 기술 차이에 따른 임금 차이를 억제하는 것을 의미한다. 이미 이 원칙은 포기되었기 때문에 여기에서는 이 점을 고려하지 않는다.

넷째, 두 나라 모두 1980년을 전후하여 단체협상이 중앙 집중 형태에서 분권화로 나아가고 있다. 스웨덴은 1980년 이전에는 제1단계로 블루칼라 노동조합인 LO와 경영자 연맹인 SAF가 먼저 중앙단체 교섭을 통해 임금상승폭을 결정했다. 제2단계로 그것을 바탕으로 업종과 직능별 노동조합 차원에서 직무내용과 경험, 교육수준, 직계별로 나누어 세부 임금 수준을 협의하여 결정했다. 마지막으로 노동조합과 개별 기업 차원에서 임금을 협상하게 되는데 이때 개별 기업의 경영성과, 생산성, 기업의 시장에서의 위치, 개인이나 피고용자들의 협상력 등에 의해 임금이 결정되는데 2단계에서 결정한 것보다 약간씩 상향하는 결정을 한다.

그러나 사회 · 경제 환경의 변화로 1980년에 제1단계의 중앙단체 교섭은 사라졌다. 그리고 이제 제2단계와 제3단계의 단체교섭만이 실행되고 있는데 이것을 분권화라고 지칭한다. 분권화는 연대임금정책을 어느 정도 무용지물로 만들었다. 즉 그것은 상대적으로 낮은 임금 계층에게 소득재분배를 할 목적으로 임금 격차를 억제하던 것이 어느 정도 사라졌음을 의미한다. 다시 말하면 동일 직종이라면 근무연한이 짧은 미숙련 노동자가 숙련 노동자보다 임금이 높다는 것이다. 그리고 이것이 청년실업률을 높게 만드는 원인들 중의 하나이다. 그러나 전문가들의 연구에 의하면 국제적인 기준에서 보면 임금의 차이는 아직은 매우 작다고 한다.[10] 그럼에도 불구하고 임금의 격차는 더 커져왔고 이것이 소득의 불평등을 초래하고 있는 중요한 원인들 중의 하나이다.

두 나라에서 1980년 이후에는 교섭과정이 어느 정도 변경되었지만 동일노동 동일임금이라는 아이디어는 중요한 역할을 하고 있다. 동일

10 덴마크의 경우는 Campbell, Hall, and Pedersen (2006), 16쪽 참조.

노동 동일임금이라는 임금결정 방식은 사실상 국가 전역에서 노동조합이 결정한 임금이 효과적으로 영향을 미치도록 하기 위한 것임을 알 수 있다. 물론 제2단계와 제3단계 협상에서 어느 정도의 격차가 발생하지만 말이다. 특히 덴마크보다 스웨덴에서 동일노동 동일임금 원칙이 더 중요했고 지금도 그렇다.

이제 두 나라 노동시장의 현실과 노동조합의 특징을 바탕으로 노동조합이 결정하는 임금이 노동의 수급에 어떤 영향을 미치는가를 분석하기로 한다. 노동조합이 결정하는 임금은 자유시장에서 결정되는 임금보다 언제나 높다. 얼마나 높은가는 직업별, 근속연한별, 학력수준별, 직무내용별, 성별 등으로 개인마다 다르다. 그러나 여기에서는 설명을 위하여 그런 차이를 일단 무시하고 평균적인 관점에서 분석하기로 한다.[11]

〈그림 3〉은 노동조합이 결정하는 임금이 노동수급에 미치는 영향을 보여준다.[12] 노동조합이 자유시장일 때, 즉 단체협약에 의한 임금결정이 없을 때 임금은 W_1, 노동의 수급은 L_1이다. 노동조합이 임금을 시장가격보다 높게 결정하면, 즉 임금을 W_2로 하면 노동의 수요는 L_2로 감소한다. 기업의 입장에서는 노동의 수요를 줄이지 않을 수 없다. 임금이 시장에서 자유롭게 결정되던 것보다 상승하기 때문이다. W_2에서 노동의 공급은 증가하기 때문에 실업은 AB가 된다. 이 말은 임금을 노동조합이 결정하면 실업과 청년실업, 그리고 각종 비정규직이 발생한다는 것이다. 그

11 직관적으로 보았을 때, 공무원인 의사·숙련공 등이 받는 임금은 자유시장에서 결정되는 임금보다 낮은 것처럼 보인다. 의사와 관련한 것은 아래에서 자세히 다룰 것이다. 숙련공의 임금이 자유시장 임금보다 낮은 것은 두 나라에서 노동시장이 이중구조 또는 다중구조로 되어 있음을 의미한다. 그러나 분석의 편의상 이 부분은 생략한다. 그리고 숙련공에 대한 임금이 시장가격보다 낮은 것인가 하는 것에 대한 것은 좀 더 면밀한 검토가 필요하다.

12 노동조합은 아래에서 서술하는 것보다 훨씬 많은 문제를 야기한다. 여기에서는 주요 문제점만 지적하기로 한다. 더 자세한 내용에 대해서는 Rothbard (1993) 참조.

〈그림 3〉 노동조합의 임금결정이 노동의 수급에 미치는 영향

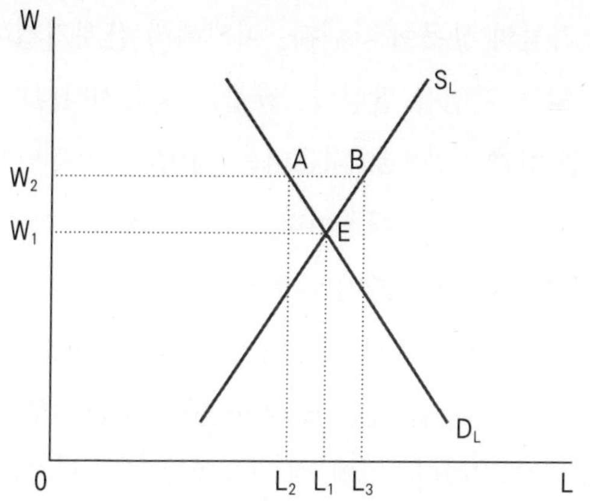

림에서 실업과 비정규직의 발생을 설명한 것은 어디까지나 평균이라는 관점에서이다. 현실에서는 노동조합이 결정하는 임금은 각 부문마다 차이가 있을 것이고 그런 차이는 실업과 비정규직의 크기를 다르게 만든다.

앞에서 노동조합이 집단적으로 결정하는 임금이 초래하는 문제점을 실업에만 초점을 맞추어 분석했다. 여기에서는 렌-마이드너 모델의 동일노동 동일임금 원칙의 다른 문제점을 비판해 보기로 한다. 첫째, 동일노동 동일임금 원칙을 찬성하는 일부 전문가는 다음과 같이 주장한다. 노동조합은 자유시장에서 결정되는 임금보다 높은 임금을 결정함으로써 그런 임금을 견딜 수 없는 비효율적인 기업을 시장에서 퇴출시키거나 구조조정을 하게 만들고 그 결과 그런 임금을 감내할 수 있는 효율적인 기업을 확장하게 만든다는 것이다.[13] 그렇게 함으로써 또한 산업의 근대화

13 이 부분에 대해서는 Iversen (2001), 255쪽 참조. 유모토 켄지 외(2011) 참조.

도 촉진할 수 있다는 것이다. 그러나 이런 주장은 잘못된 것이다.

자유시장보다 높게 결정된 임금 때문에 한계기업(marginal firm)이 퇴출당하는 것은 기업의 잘못이 아니다. 여기에서 한계기업이란 경영상의 어려움을 겪고 있는 기업을 말한다. 진실은 자유시장보다 높은 임금은 정상적인 기업을 한계기업으로 내몬다는 것이다. 노동비용의 상승으로 기업 경영 비용이 상승하기 때문이다. 사실 단체협약에 의해 결정되는 임금은 자유시장에서 결정되는 임금보다 언제나 높다. 그러므로 사실상 일부 기업은 노동조합이 결정한 임금이 없었다면 생존할 수 있었을 것이다. 노동조합에 의해 결정된 높은 임금 때문에 일부 기업은 자신도 모르는 사이에 퇴출되는 것이다. 기업 내에 노동조합이 존재하지 않는 경우에도 동일 산업 내 노동조합으로 인하여 자기 기업 노동자의 임금이 상승되기 때문에 경쟁력이 없는 일부 기업은 퇴출되지 않을 수 없다.

누가 생존하고 누가 퇴출당할 것인가 하는 문제는 노동조합이 결정할 권리가 없다. 그것은 시장에서 소비자가 결정할 문제이고 그때 기준이 되는 것은 해당 기업이 이윤을 만들어내는가 하는 것이다. 그때 기업의 이윤에 인위적으로 영향을 미쳐서는 안 된다. 노동조합에 의한 임금 결정은 노동이라는 생산요소의 가격, 즉 임금을 인위적으로 높게 만들어 기업의 이윤에 인위적으로 영향을 미치는 것이다. 그리고 상대적으로 효율적인 기업을 인위적으로 확장하게 만드는 것도 잘못된 것이다. 그럴 자격이 없는 기업이 턱 없이 많은 이윤과 높은 시장점유율을 가지게 되는 것이기 때문이다. 그러므로 노동조합의 높은 임금이 효율적인 기업을 확장하게 만들고, 비효율적인 기업을 퇴출하게 만들며, 경제를 더 근대화시킨다는 주장은 잘못된 것이다.

둘째, 임금이 노동조합에 의해 자유시장 임금보다 높게 결정되면 기업은 그런 임금 수준에 맞게 자본을 투입하지 않을 수 없다. 그렇게 되면 노동의 생산성은 상승하게 된다. 자본이 더 투입되기 때문이다. 그리고 노동조합이 결정한 높은 임금 때문에 현실에서 생존하는 기업은 다른 기업에 비해 효율적이 되지 않을 수 없다. 이때 중요한 것은 기업이 적절한 자본을 소유하고 있느냐 하는 것이다. 그렇지 못한 기업은 생존할 수 없게 된다. 이것은 인위적으로 기업과 경제를 과다하게 자본 집약적으로(capital intensive) 만든다는 것을 의미한다. 이러한 과도한 자본 투자는 인위적으로 임금을 높게 결정하기 때문이다. 이것이 스웨덴과 덴마크를 포함한 많은 나라에서 '고용 없는 성장'의 한 가지 이유가 될 수 있다고 여겨진다.

셋째, 노동조합에 의해 초래되는 영구적 실업 또는 반영구적 실업은 그 자체가 사회통합을 어렵게 한다. 노동조합에 의한 임금상승은 소득재분배를 초래하고 그것은 임금이 낮은 노동자의 소득을 끌어올리기 때문에 사회통합을 이루는 데 도움이 된다고 할 수 있다. 이것이 노동조합에 의한 높은 임금을 찬성하는 사람들의 주장이다. 물론 여기에는 각종 사회보험정책이 또한 소득재분배를 통한 사회통합에 기여한다. 그러나 임금의 상승은 실업을 초래함으로써 다른 한편으로는 사회통합을 저해하게 된다. 비록 부분적이지만 말이다. 즉 역설적인 상황이 발생하는 것이다. 그렇게 되는 것은 노동조합에 의한 임금상승이 기본적으로는 노동자와 노동자 간의 소득재분배를 초래하는 것이기 때문이다. 물론 노동조합에 의한 임금상승은 경제 내의 다른 경제주체, 예를 들어 자본가, 소비자 등을 포함한 국민 일반으로부터도 소득재분배를 초래한다. 그러나 여기에서는 이 점에 대한 자세한 논의는 생략하기로 한다.

마지막으로, 노동조합에 의한 임금 상승은 산업 내 모든 기업, 덴마크와 스웨덴의 경우에는 전국의 모든 기업의 비용을 상승시켜 경제 전체의 경쟁력을 약화시킨다. 이러한 경쟁력 약화는 모든 국민의 생활수준

하락으로 이어진다. 노동조합이 소득재분배를 초래함으로써 일부 노동자를 더 부유하게 만들지만 각 기업의 경쟁력 약화로 국민 전체의 생활 수준은 하락한다. 이 점은 노동시장이 자유시장일 때와 비교하여 그렇다는 것이다.

요약하면 노동조합에 의해 결정되는 임금은 시장가격보다 높고 그런 임금은 실업을 초래한다. 이때 발생하는 실업은 영구적 실업 또는 반영구적 실업이다. 청년실업, 비정규직의 발생 등도 그 원인은 노동조합에 의한 높은 임금 때문이다. 그 점에서 노동조합에 의한 높은 임금은 실업자의 권리를 침해하여 얻은 것이다. 그리고 노동조합원 간에서도 소득의 재분배가 일어나고 있는 것으로 보인다. 이 점은 자세한 연구가 필요하다. 게다가 비교적 젊은 노동자의 높은 임금은 기대 수준을 올림으로써 스스로 임금이 낮은 일자리를 찾는 것을 방해한다.

과거에 노동조합이 없었을 때 경기변동이 발생하더라도 임금이 쉽게 하락할 수 있었기 때문에 대량 실업은 빠르게 해결되었다. 1920년대 초 미국의 경우가 여기에 해당한다. 그러나 노동조합이 결정한 임금이 시장가격보다 높은 경우에는 새로운 일자리 창출을 방해한다. 엄밀히 말하면 노동조합은 일자리를 줄인다. 실업은 이제 일시적인 현상이 아니라 영구적 현상 또는 반영구적 현상이 된다. 일자리 자체도 전일제의 정규직에서 비전일제, 비정규직 등으로 바뀌면서 노동조건이 열악해진다.[14]

정치가나 사회운동가들은 "정부가 실업자를 위해 무엇인가를 해야 한다."라고 주장한다. 이제 실업보조금[실업보험]을 포함해 노동자를 위

14 노동조합이 비정규직 같은 일자리를 만들어내는 주요 원인임에도 스스로 비정규직 문제를 해결하겠다고 주장하고 있는 현실은 아이러니가 아닐 수 없다.

한 각종 복지정책이 도입된다. 다시 말하면 노동조합의 합법화 같은 간섭주의가 실업을 포함한 각종 노동문제를 만들어내고 그 문제를 해결을 위하여 이제 정부는 복지정책, 즉 새로운 간섭과 규제를 추가하는 것이다.

원인과 현상 간의 인과관계가 이러함에도 불구하고 1990년대 이후 일부 전문가는 덴마크와 스웨덴 정부가 노동시장의 유연성(flexibility)을 추구하면서 실업보조금[실업보험] 같은 안전성(security)을 동시에 추구하는 정책을 펼치고 있다고 주장한다. 심지어 이것을 유연성과 안전성이라는 말을 합성한 '유연안전성'(flexicurity)이라고 부르기도 한다. 이러한 특성을 Madsen (2004, 2006, 2009) 같은 전문가는 '유연안전성의 황금삼각형'이라고 부르기도 한다. 신광영(2009) 등도 Madsen의 개념과 주장을 받아들인다. 여기에서 세 가지란 다음과 같다. 첫째, 사용자가 해고를 쉽게 할 수 있는 유연한 노동시장을 말한다. 둘째, 실업자를 위한 관대한 사회보장제도를 말한다. 셋째, 정부가 노동시장에 적극적으로 개입하여 노동자에게 고용도 알선하고 심한 경우에는 취업을 권유하거나 압박하는 것을 말한다. 이것을 '적극적 노동시장 정책'이라고 부른다. 그러나 앞에서도 지적했듯이 유연안전성의 황금삼각형이라는 주장은 덴마크와 스웨덴 노동시장에서 발생하고 있는 각종 현상의 인과관계를 잘못 설명하거나 간과한 주장으로 전적으로 틀린 것이다.

게다가 노동자를 위한 각종 복지정책은 세 가지 근본적인 문제점을 가지고 있다. 복지정책에는 도덕적 해이 문제(moral hazard problem)가 내재되어 있다. 노동자가 일을 해서 돈을 벌기보다는 놀면서 정부로부터 공짜 돈을 받는 것이 더 매력적이기 때문이다. 덴마크가 실업보조금을 지급하는 기간을 점차 단축하게 된 근본 원인이 여기에 있다. 다른 문제점은 정부가 세금을 징수하여 복지비용을 지출한다면 그만큼 민간이 소유한 자원은 줄어들기 때문에 그와 비례하여 민간에서 일자리가 감소한다. 세 번째 문제점은 만약 정책의 집행을 위하여 정부가 추가적인 비용을 지불한다면 일자리는 더 줄어들 것이다. 첫 번째와 세 번째 문제점은 정부의 적절한 통제로 해결될 수도 있을 것이다. 물론 정책의 규모가 커지는 경우에는 비용이 많이 들 수도 있다. 그러나 복지정책의 두 번째 문제점은 해결할 수 있는 것이 아니다. 이 점을 잘 이해하는 것이 무엇보다 중요하다. 다른 말로 하면, 복지 수혜자는 보조금을 받기 때문에 단기적으로는 명백히 좋아지지만 장기적으로는 전체 일자리가 줄어드는 만큼 노동자 전체로는 나빠진다는 것이다.

경위가 무엇이든 1970년대 덴마크 실업수당의 수급기간은 거의 무기한에 가까웠다.[15] 1980년대는 그 기간이 9년으로 단축되었다. 1994년에는 7년으로 재단축되었고 1999년에는 4년, 최근에는 2.5년으로 거듭 단축되었다. 이러한 변화는 1990년대 초 실업자가 급증했을 뿐 아니라 도덕적 해이 문제 때문에 복지정책이 관대하고 느슨할수록 실업 해소에 도움이 되지 않는다는 것을 알았기 때문으로 여겨진다.

덴마크 정부의 1994년, 1999년으로 이어지는 개혁을 일부 학자는 적극적 노동시장 정책으로 지칭한다. 적극적 노동시장 정책이란 실업자 개인에게 많은 자원을 쏟아붓는 정책을 말한다. 그 주요 내용은 매 3개월에 한 번 취업 지도를 하고, 직장으로의 빠른 복귀를 위하여 특정한 교육이나 훈련을 받을 기회를 주고, 실업 기간이 12개월이 지나면 강제로 정부의 지원에 따르도록 하는 것 등이다. 그리고 각종 지원도 예전의 7년(1994년 시행)에서 2.5년으로 줄이고 실업지원금을 천천히 삭감하는 방식을 취하였다. 일부 연구자는 이런 정책이 실업을 크게 감소시켰다고 주장하

15 정원호(2005), 50~51쪽, Scheuer (2007) 참조

지만 면밀한 검토가 필요하다. 게다가 적극적 노동시장 정책은 궁극적으로 노동자에게서 직업 또는 직장 선택의 자유를 빼앗는 것이다.

스웨덴의 경우에 청년층 실업을 줄이기 위하여 정부는 고용주가 납부하는 사회보험료를 세금으로 지원해주는 정책을 실시하고 있다.[16] 이런 방법은 기업 입장에서는 사회보험료만큼 비용이 내려가기 때문에 일자리가 증가할 여지가 생긴다. 그러나 세금으로 사회보험료를 지원하는 만큼 세금만큼 일자리가 감소한다. 즉 경제 전체적으로는 정부의 정책은 아무 소용이 없거나 일자리를 오히려 줄이는 결과를 불러온다는 것이다. 간섭주의로 생겨난 문제를 다른 간섭 또는 규제로 해결할 수 있는 방법은 없는 것처럼 보인다. 그럼에도 불구하고 각종 규제와 간섭을 쏟아내니 장기적으로 문제는 더 악화될 뿐이다. 경제는 천천히 자생력을 잃게 되는 것이다.

결론적으로, 덴마크와 스웨덴 노동시장의 각종 문제점은 정부의 간섭주의적 정책이나 제도의 결과이다. 그런 문제를 해결하기 위해서는 인과 관계를 분명히 할 필요가 있다. 덴마크와 스웨덴 정부의 노동시장 정책이 유연성과 안전성을 모두 초래하고 있다는 일부 전문가의 주장은 전적으로 틀린 것이다.

16 유모토 켄지 외(2011), 177쪽 참조.

3

자본가들의 홀대와 제조업의 추락

평등을 지향하는 복지국가 체제에서 자본은 부수적인 것으로 취급될 수밖에 없다. 그 점을 잘 보여 준 것은 1980년 이후에 두 나라에서 성장한 기업들이 다국적화되면서 자본가들이 중앙 단체교섭을 무시함으로써 제1단계 단계교섭이 효력을 상실했다는 점이다. 다시 말하면, 이때가 되어서야 자본가들도 겨우 중앙 단체교섭을 무시하고 노동자의 숙련도에 따라 임금을 지불하는 방식을 어느 정도 채택할 수 있게 된 것이다.

그러나 여전히 직능 차원과 기업 차원에서의 단체교섭은 회피할 수 없게 되어 있다. 자본은 노동에 비해 이동성이 클 뿐 아니라 경쟁을 위해서도 효율 지향적일 수밖에 없고 효율을 지향하기 위해서는 자유가 필수이다. 효율을 지향하지 않으면 생존할 수 없기 때문이다. 글로벌화가 진행될수록 이 점은 강화될 것으로 여겨진다. 앞에서 보았듯이 노동에서 집단주의가 드센 환경에서 기업정책 또는 산업정책은 각종 제한 또는 규제를 받지 않을 수 없다. 게다가 복지국가를 지향하는 나라들이 노동정책에 대해서는 자세하게 규정하고 있으나 기업정책 또는 산업정책은 내세울 만한 것이 없다는 점도 자본이 노동보다는 부수적으로 취급되고 있다는 간접적인 증거이다.

본론으로 들어가기 전에 자본의 중요성을 간단히 서술하고자 한다. 경제성장이 없으면 어떤 복지제도도 유지하기가 어렵다. 특히 노동소득을 기초로 하는 덴마크와 스웨덴의 복지국가 체제는 더욱 그렇다. 경제성장을 유발하는 요소는 발명, 기술의 혁신, 자원의 발견, 노동 숙련도의 증가 등을 포함해서 많은 요인이 있다. 그러나 앞에서 나열한 것 중에는 인간의 노력으로 이루어지는 것이 아닌 경우도 있다.

우리가 성장을 유도하는 가장 일반적인 방법이자 가장 확실한 방법은 자본을 축적하는 것이다. 그리고 자본이 축적되면 그것을 기초로 기업도 설립하고, 기계를 만들어 노동자의 생산성을 증가시킬 수 있으며, 자원을 발견하는 일을 할 수도 있다. 그 점에서 노동자의 소득을 높이는 가장 확실하고 쉬운 길은 기업가들이 자본의 축적을 용이하게 할 수 있도록 하는 것이다. 그리고 자본의 축적도 개인에 따라 그 정도가 다르다. 자본 축적률이 월등히 높은 대자본가 또는 대기업가가 그래서 중요하다.

아래에서 보겠지만 기업이 노동비용을 자유시장에서 보다 더 많이 지불하면 축적할 수 있는 기금 또는 자본은 감소한다. 그 결과는 당연히 노동자의 일자리 감소라는 결과로 나타날 것이다. 이 점은 불황기에 기업의 투자가 감소했을 때 노동자의 일자리가 그에 비례하여 축소되는 것이 잘 보여준다. 필자가 주장하는 바는 자본가에게 특혜를 주자는 것이 아니라 노동자에게 높은 임금이라는 특혜를 주는 것이 바로 기업가 또는 자본가에게 자본의 축적 또는 그에 따른 투자의 위축을 초래한다는 점을 알 필요가 있다는 것이다.

여기에서 두 나라에서 자본에 가해지고 있는 직접적 또는 간접적의 제한이나 규제와 그 효과를 먼저 보고 다음으로 자본에 긍정적으로 작용하는 원칙 등을 분석하기로 한다. 첫째, 자유시장보다 높은 임금은 자본과 노동의 최적 배분을 방해함으로써 자본에 대한 비용을 포함한 각종 비용을 증가하게 만드는 경향을 초래한다. 최적이라는 관점에서 보면 노동비용과 자본비용이 증가하게 된다는 것이다. 이 점은 기업과 산업의 경쟁력 악화로 이어질 것이다.

둘째, 노동조합은 비효율적인 작업규칙을 강요한다. 예를 들어, 덴마크 노동조합은 1998년에 제6번째 휴가 주일을 갖자고 캠페인을 벌였다.[17] 그때까지 덴마크 노동자는 연간 5주간의 휴가를 갈 수 있었다. 이 제도의 도입 초기 첫 해에는 하루만 휴가를 갖자는 캠페인은 투표에서 부결되었다. 그 와중에 상당한 갈등이 일어나서 3백1십만 일의 작업시간의 손실이 있었다. 2000년에 이 제도는 노동자가 1주일의 추가 휴가를 선택하든지 1주일간 일하면서 적절한 대가를 받든지 하는 방향으로 결정되었다. 기업가 입장에서는 1주간의 추가적인 휴가는 그만큼 비용이 추가되는 것이다. 아직도 노동자가 휴가를 선택하는 문제에 대해서 덴마크 사회는 논란 중이지만 추가 휴가 그 자체는 일반화되는 추세이다. 노동조합은 이런 종류의 결정을 할 수 있다.

셋째, 기업은 법인세율을 26.3% 납부하는데 유럽연합(EU) 전체 평균 23.2%에 비하면 높은 편이다. 아일랜드, 아이슬란드의 법인세율은 12.5%, 15.0% 등이다. 즉 스웨덴이 법인세율이 결코 낮은 국가가 아니라는 점이다. 높은 법인세율 때문에 스웨덴 기업의 일부는 본사나 수익의 일부를 EU의 다른 나라에 이전한 곳이 적지 않다.[18]

역사적으로 보면, 법인세율은 1970~1980년대에는 50%를 넘는 수준이었으나 자본의 높은 해외이동성에 직면하여 1991년 30%, 1994년

17 Scheuer (2007), 245~246쪽 참조.

18 유모토 켄지 외(2011), 66쪽 참조.

28%, 2009년부터 26.3%로 낮아졌다. 이 점은 복지제도를 유지하기 위하여 자본에 대한 높은 과세가 필요했지만 자본의 해외 이동에 직면하여 법인세를 연이어 낮춘 것으로 이해할 수 있다.

넷째, 보편적 복지정책을 추구하는 스웨덴과 덴마크에서는 사회복지 부담을 노동자 임금의 31.4%를 국가에 납부하여야 한다. 노동자의 소득에 비례하여 납부하는 것이기 때문에 그만큼 노동비용을 증가하게 만든다. 사실상 임금을 인상하는 것과 같은 효과를 초래한다.

다섯째, 스웨덴에서는 노동자가 육아휴직을 하면 국가가 총 16개월 간 육아휴직보조금[육아휴직수당](소득의 77.6%)을 지불한다. 기업이 육아휴직보조금을 지급하는 것이 아니기 때문에 육아 휴직 때문에 기업에 직접적인 비용은 발생하지 않는다. 그러나 남녀고용평등법에 의거하여 육아 휴직으로 해고를 할 수 없을 뿐 아니라 차별도 할 수 없다. 문제는 육아기간 동안에는 누군가가 그 자리를 대신해야 하는데 생산성 하락이 염려되지 않을 수 없다는 것이다. 다른 문제는 육아 기간이 끝나서 여성(일부는 남성)이 직장으로 돌아오는 경우에도 일정 기간 동안에 생산성이 낮아지는 경우가 많을 텐데 그런 차이를 임금에 반영할 수 없다는 것이다. 기업으로서는 평등주의를 실천하기 위한 비용의 일부를 감당해야 한다는 것이다. 보육 과정에서도 이런 문제는 발생하지 않을 수 없다. 잔병치레가 잦은 유아기에 부모가 돌봐야 할 일이 발생하지 않을 수 없기 때문에 노동에 집중할 수 없고 이 경우에 기업은 그만큼 비용을 부담하지 않을 수 없다. 육아휴직보조금, 보육보조금[보육수당] 등은 개인에게는 매우 좋은 것일지 모르지만 기업에게는 분명히 부담이 되는 것을 부인할 수 없다.

여섯째, 스웨덴 기업은 여러 가지 조건을 만족시키지 못하면 노동자를 해고할 수 없도록 해고 절차도 매우 까다롭다. 그 내용은 1976년 공동결정법, 1982년 고용보호법 등에 명시되어 있다. 두 법에서 해고가능 요건, 해고순서, 사전통지기간, 재고용우선권, 해고결정수속 등을 규제하고 있다. 일반적으로 스웨덴에서 기업은 해고가 쉽지 않다. 그리고 해고한 경우에도 9개월 이내에서는 해고된 노동자를 우선적으로 재취업시켜야 한다. 다만 경기가 후퇴하는 이유로 잉여인원을 해고하는 것은 상대적으로 쉽다. 그러나 이 경우에도 해고규칙, 사전통지기간, 재고용우선권 등을 지켜야 한다. 이 점을 고려하여 10명 이하의 소기업에 대해서는 앞에서 말한 두 법의 규정을 지키지 않아도 되도록 예외 규정을 두고 있다. 기업이 해고를 어렵게 하는 것은 기업에게는 경영의 최적 상태를 유지하는 것을 어렵도록 만드는 것이다. 물론 이것은 절대적인 기준에 의한 평가이다.

일곱째, 보편적 복지체제는 기업의 구조조정을 어렵게 한다. 기술과 경쟁의 국제화 시대에는 빨리 변화하고 구조조정을 빠르게 할 수 있는 기업만이 생존할 수 있다. 그러나 높은 임금은 기업 차원에서 저축을 어렵게 하기 때문에 변화를 방해한다. 변화를 위하여 자본이 필요한 경우에는 그렇다는 것이다. 게다가 각종 세금제도와 복지제도도 변화를 막는 강력한 장벽을 만든다.

여덟째, 노동조합에 의한 높은 임금은 중소 규모의 기업 창업도 어렵게 하는 측면이 있다. 현재 부부가 모두 일하는 두 나라에서 가사 도우미는 수요가 적지 않은 것으로 보인다. 예를 들어 정원을 손질하는 일이 여기에 해당한다. 그런데 노동자의 임금이 비싸기 때문에 창업이 쉽지 않고 창업하더라도 유지가 가능하지 않기 때문에 그런 종류의 서비스가 암시장에서 거래된다. 정부는 본의 아니게 거래 당사자들을 범법자로 만들고 있는 것이다. 두 나라 정부는 사회보험료의 일부를 국가가 보조하거나 감세 또는 조성금을 지불해서 노동비용을 실질적으로 인하하는 방법으로 이 문제를 해결하고자 노력하고 있다. 그러나 그런 방법은 왜곡된 노동시장을 더 왜곡되게 만든다.

스웨덴에서 1970년대부터 1980년대까지 정부는 철강업과 조선업을 구제하기 위하여 막대한 세금을 지원했다. 그러나 두 업종에 종사한 많은 기업이 도산했다. 이제 예전에 경쟁력을 가졌던 두 산업은 더 이상 회생할 수 없었다. 결국 이때 스웨덴에서 철강업과 조선업에 종사하는 기업들이 대부분 파산했다. 1990년대는 거품붕괴로 금융업에 위기가 찾아왔다. 초당적 협력에 의해 금융기관들을 구제하지 않을 수 없었다. 이때 스웨덴 사회는 많은 재정적자를 떠안게 되었다. 2008년에 불어 닥친 세계적인 경제위기로 스웨덴의 자동차 산업은 큰 타격을 입었다. 볼보, 사브는 중국과 네덜란드 자본에 매각되었다. 이때 스웨덴 정부는 개별 기업은 지원하지 않는다는 정책을 확립했다. 국민의 세금으로 지원해야 할 이유가 없다는 것이다. 그리고 1970년대 조선업계와 철강업계를 지원한 경험이 이런 정책의 확립에 도움이 되었다. 정부가 개별 기업은 지원하지 않는다는 것은 좋은 정책으로 여겨진다.

스웨덴이 일찍이 개방경제를 채택하면서 중소기업과 대기업 간의 관계에 대한 별다른 제한이 없는 점, 대기업이나 기업집단에 대한 거부감이 별로 없는 점, 기업 스스로가 새로운 기술을 빠르게 채택하는 점, 조직과 기업은 위계질서보다 평등하고 유연하게 움직이는 점 등은 스웨덴 산업 정책과 기업을 포함한 조직의 장점이라고 할 수 있다.[19] 그리고 스웨덴은 상속세를 폐지했다. 중소기업의 가업 승계를 막는 장애물을 없애기 위해서이다.

19 인터넷 신문 데일리안, 한국경제신문 등, 2012년 3월 6일자, 스웨덴 보수 정치가인 요니 뭉크함마르와의 인터뷰 기사에서.

스웨덴에서 발렌베리(Wallenberg) 가문은 단일 자본으로는 가장 거대하고 영향력이 크다. 발렌베리 가문은 스웨덴 주식거래소에 상장된 주식의 약 40%에 영향을 미치고 있고 국내총생산의 약 1/3에 비록 간접적이지만 영향을 미치고 있다. 에릭슨(Ericsson) 같은 세계적인 기업이 발렌베리 가문의 영향력 아래에 있다. 그럼에도 불구하고 정치권과 노동조합이 이러한 소유에 대해 심각하게 문제를 삼지 않는다. 이것은 아마도 기업의 소유와 지배구조에 대해서 여론과 정부가 별다른 간섭을 하지 않는 것으로 볼 수 있다. 좋은 점이라고 할 수 있다.

요약하면 덴마크와 스웨덴에서 기업은 고비용의 복지와 집단주의에 의한 경직된 노동정책 등에 의해 다른 나라의 기업에 비해 불리한 조건에 처해 있는 것처럼 보인다. 비록 그 점을 수치로 증명할 수 없지만 말이다. 그러나 대기업 집단에 대한 반감, 대기업과 중소기업 간에 각종 규제 등이 없는 점은 큰 장점이다. 산업정책과 기업정책이라는 관점에서 장점과 단점이 혼재되어 있지만 스웨덴과 덴마크는 아직도 자본주의로부터 떨어져 있는 것을 부인할 수 없을 뿐 아니라 자본의 축적에서 중요한 자본가들, 특히 대자본가들을 홀대하고 있는 것으로 여겨진다.

추가적으로는, 볼보의 중국계 자본으로의 매각, 사브의 네덜란드계 자본으로의 매각 등은 기계 공업의 중심이자 꽃이라 할 수 있는 자동차 산업이 스웨덴에서 붕괴하고 있음을 시사한다. 좀 더 넓게는 제조업이 추락하고 있다는 것이다. 이것이 보편적 복지제도 폐해의 간접적인 증거라고 볼 수 있다. 만약 두 나라가 한 번 더 경제위기를 맞는다면 과연 제조업이 얼마나 살아남게 될지 염려된다.

4

배급제 의료와 긴 대기시간

현물보조금[현물급여]는 소득을 이전하는 다양한 방법 중의 하나이다. 국가가 모든 사람에게 보편적으로 제공하는 현물보조금은 여러 가지 있다. 의료서비스는 그런 현물보조금의 대표적인 것 중의 하나이다. 고령자와 장애인을 위한 장기요양서비스를 포함하는, 두 나라의 의료제도와 의료정책을 분석하고자 한다.

스웨덴에서 18세 이하 청소년의 의료비는 무료이다. 청소년은 치과 진료도 무료이다. 그 이상의 나이에도 진찰료나 약제비의 자기부담은 상당히 낮다. 그리고 병원비 부담을 줄여주기 위해 본인 부담의 연간 상한액을 설정하여 그 이상의 금액은 국가가 부담한다. 2005년 현재 보건의료 재정은 란드스팅(일종의 광역자치단체)의 세입(즉, 지방세) 약 71%, 중앙정부 보조금 16%, 건강보험 재정 약 10%, 환자 부담금 약 3% 등으로 이루어져 있다.[20] 덴마크의 경우에 외래 환자의 약제비, 치과의료, 물리치료 등, 몇 가지 한정된 서비스에 대해서만 환자가 자기 부담을 하지만 그 비용은 적다.

20 신필균(2011), 234쪽 참조.

먼저 스웨덴의 의료기관은 지구 의료센터, 란드스팅 내 일부 지역을 관할하는 지역병원 또는 응급병원, 란드스팅 전체를 관할하는 병원, 광역병원으로 구분된다.[21] 이 네 의료기관은 관할하는 지역과 담당하는 병에 따라 수직관계에 있다. 예를 들어 환자는 1차 의료기관인 지구 의료센터에서 진찰을 받고 증상에 따라 상위 의료기관에서 치료받을 수 있도록 조치된다. 우리는 이것을 소위 '배급제'라고 한다. 배급제는 병원 간에만 발생하고 있는 것이 아니라 수술 순서에서도 발생하고 있다. 이것이 스웨덴 의료제도의 가장 중요한 문제점 중의 하나이다.

스웨덴 의료제도의 다른 문제점은 '대기시간'이 길다는 것이다. 대기시간이 길기 때문에 감기 같은 가벼운 증상으로 의사를 만나는 일은 사실상 가능하지 않다. 차례를 기다리다 보면 어느덧 그런 증상이 대부분 치료가 되기 때문이다. 전문상담이 필요하면 란드스팅이 제공하는 의료상담 전화창구에서 간호사와 상담하고 간호사가 판단하건대 의사의 진찰이 필요하다고 판단되면 그때 비로소 의사의 진찰을 받을 수 있다. 당장 의사의 진찰을 받기를 원한다면 응급병원에 갈 수 있으나 거기에도 대기시간이 길다.

대기시간이 길다는 비판이 있자 스웨덴 정부는 '케어 보증'이라는 제도를 2010년부터 전국적으로 실시하고 있다. 케어보증이란 첫째, 당일 안에 의료기관과 연결되고, 둘째, 일주일 안에 일반의사의 진찰을 받을 수 있도록 하고, 셋째, 90일 이내에 전문의의 진찰을 받을 수 있도록 하며, 넷째, 90일 이내에 치료와 수술을 받을 수 있도록 하는 등이다. 이것을 '0-7-90-90' 규칙이라고 부른다. 이런 제도 때문에 대기시간이 좀 단

---

21 스웨덴의 의료제도와 정책에 대한 자세한 설명은 신필균(2011), 유모토 켄지 외(2011), 이광찬(2002), 덴마크의 의료에 대해서는 정승국(2003) 등을 참조.

축되었다는 보고가 있다. 그러나 전문의의 진찰을 받는 데 90일이 걸린다는 것이 상상이나 가는 일인가?

의료가 배급제로 배분되고 대기시간이 매우 길어진 이유는 무엇인가? 다시 말하면 질문의 요지는 현재 스웨덴 의료체제가 왜 그렇게 비효율적인가 하는 것이다. 스웨덴은 건강보험에 관한 한 1970년대 말부터 보험재정의 대부분을 세금으로 충당했다. 그 이후 매 10년 주기로 개혁이라는 이름으로 의료제도와 의료정책을 고치고 있다. 이것은 궁극적으로 스웨덴 의료체제의 비효율 때문으로 여겨진다. 스웨덴 의료제도는 지방정부인 란드스팅이 재원도 제공하고 운영도 하는 구조이다. 이 결과 스웨덴 의사들은 모두 지방 공무원이다. 그러므로 스웨덴 의료제도는 사회주의이고 바로 그 이유로 비효율적일 수밖에 없다.

사회주의는 가격 기능이 작동하지 않는 제도이다. 국민이 지방세율을 결정함으로써 의료비 총액이 결정되고 그 전체 의료비를 지방자치단체가 각 의료기관에 적절히 나누어준다. 가장 중요한 기준이 되는 것은 환자의 수, 병원의 이용 정도, 병의 상태 등과 관련이 있다. 전체 예산이 지방세율의 제약을 받기 때문에 의료서비스의 필요성에 따라 환자를 분류하고 필요성이 높은 의료행위나 투약만 시행하려는 경향이 있다. 의료서비스의 필요성이라는 기준은 절대적인 것이 아니다. 그러므로 의사의 자의적인 판단, 과다한 의료비의 청구, 과잉진료, 불필요한 장비의 구입, 필요한 장비의 구입 지연 또는 불가 등의 문제가 발생할 수 있다. 이런 일이 발생하는 것은 각종 의료서비스의 가격이 없기 때문이다.

가장 핵심적인 것은 의료비에서 본인이 직접적으로 부담하는 비용은 매우 적다는 것이다. 의료서비스의 가격이 이렇게 낮으면 어떠한 경우에도 의료서비스에 대한 수요는 폭증할 수밖에 없고 의료 공급은 예산에 의해 엄격히 통제된다. 그러므로 배급제를 시행하지 않을 수 없고 대기시간도 길어질 수밖에 없다. 특히 의료서비스에서 중핵이라고 할 수 있는 의사, 전문의, 간호사 등의 임금도 예산의 제약을 받을 뿐 아니라 임금이 의사 등의 노동조합과 정부 대표가 협상을 통해 결정된다. 앞에서 기업 노동자의 일반적인 임금이 시장가격보다 높을 것으로 추정해서 그 영향을 분석했다. 여기에서는 의료기관과 의사의 임금이 시장가격보다 낮게 책정되어 있는 것으로 추정된다. 그렇지 않다면 배급제와 대기시간이 길어지는 일은 거의 일어나지 않을 것이다.

〈그림 4〉는 가격이 최대가격으로 규제되어 있을 때 일어나는 현상을 설명하고 있다. 여기에서 시장가격은 P_1이고 규제가격은 P_2이다. P_1에서 수요와 공급은 일치하고 수급량은 Q_1이다. 이때 소비자의 불만은 없다. 그리고 소비자는 P_1만큼의 금전만 지불하면 된다. 규제가격에서 서비스의 공급량은 Q_3이고 수요량은 Q_2이다. 규제가격 하에서는 AB만큼의

〈그림 4〉 최대가격과 그 폐해

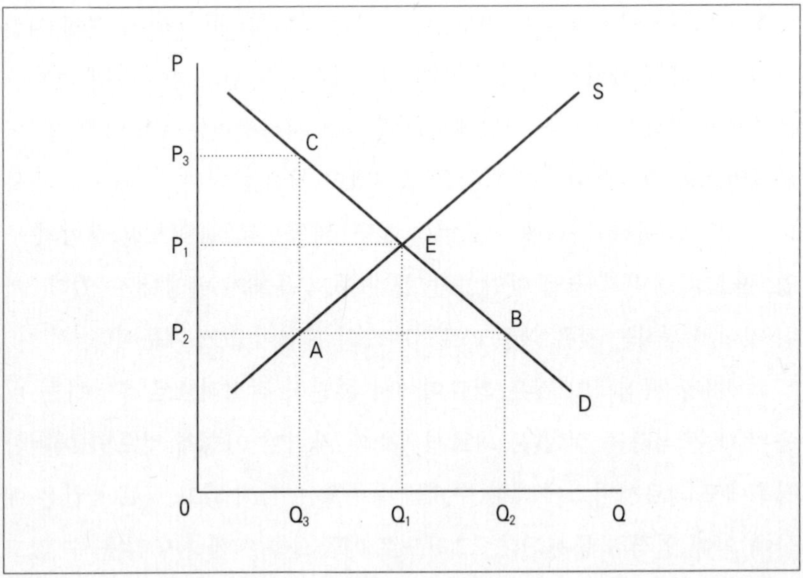

초과수요가 발생한다. 수요량에 비하여 공급량이 적기 때문에 배급제를 하지 않을 수 없다. 다른 방법은 암시장이 발달할 수 있다. 그러나 정확히 알 수는 없지만 현재 스웨덴에서 그런 증거는 없어 보인다. 공급량이 Q_3가 되면 소비자가 실제 지불하는 가격은 OP_3가 된다. 소비자는 OP_2의 금전적 비용과 P_2P_3만큼의 비금전적 비용을 지불하게 된다. 비금전적 비용이란 병원에 마음대로 갈 수 없는 것, 긴 대기시간 등을 포함한다. 비금전적 비용이 반드시 대기시간의 길이가 아니고 다른 어떤 것일 수도 있다. 대기시간이 길어지면서 병세가 더 악화되는 경우도 비금전적 비용의 일종이 될 수 있다. 여기에서는 분석의 편의를 위하여 비금전적 비용을 모두 대기시간으로 나타난다고 가정했다.

요약하면, 서비스 이용자는 금전적 비용과 비금전적 비용을 모두 합하여 OP_3을 지불하게 되고 그것은 규제가 없을 때 지불하는 가격인 OP_1보다 훨씬 높다. 이것이 스웨덴의 보편적 의료가 직면하고 있는 중요한 문제점 중의 하나이다.

스웨덴 정부가 의료 공급의 문제점을 해소하기 위하여 세금을 인상하는 것은 쉽지 않다. 다른 문제점은 의료 공급을 증가시키기 위해서는 의사, 간호사 등의 의료 인력을 증원하기도 어려운 것처럼 보인다. 의사 등의 임금이 낮게 규제되어 있기 때문이다. 스웨덴에서 의사는 대부분 란드스팅의 직원이다. 지방 공무원인 셈이다. 의사의 임금은 연간으로 볼 때 스웨덴 노동자 전체 평균소득의 약 2.3배이다. 즉 스웨덴에서 의사의 임금은 노동자의 임금보다 매우 높다. 그러나 이 금액은 같은 유럽 국가인 네덜란드와 노르웨이 의사의 평균 임금의 절반밖에 되지 않는다.[22] 간호사, 물리요법사 등 다른 의료 인력도 상황은 비슷하다.

22 유모토 켄지 외(2011), 229쪽 참조.

다른 문제점은 의료비가 지속적으로 증가하고 있다는 점이다. 아래의 〈표 10〉(본 책 160쪽)에서 스웨덴에서 의료비 지출이 지속적으로 증가하고 있음을 알 수 있다. 스웨덴 정부가 지속적으로 의료제도와 정책을 개혁하고 있음에도 불구하고 의료비는 1997년 정부 재정지출의 11%에서 2009년에는 14%로 상승했다. 이러한 상승이 1990년대 의료 부문 개혁이 이루어지고 난 뒤의 일이라는 점에서 상황은 더 심각한 것으로 여겨진다.

다른 문제점은 행정 편의주의, 즉 공급자 위주의 의료지원제도이다. 예를 들어, A지역에 사는 사람이 B지역에서 사고가 나는 경우에 A지역 병원으로 이송된다. 이 문제점은 1990년대 의료 개혁에서 환자의 선택권을 도입하는 방법으로 개혁을 했다. 그러나 여전히 그런 문제점은 있을 것으로 보인다.

배급제와 긴 대기시간은 환자의 병세 악화 또는 수명 단축과 그에 따라 환자와 국가가 추가 비용을 부담하게 될 것임을 예상할 수 있다. 그러나 현실에서 그런 사례가 잘 보도되지 않는 것은 외부 관찰자가 그런 현상을 포착하는 일이 쉽지 않기 때문일 것이다. 심층적인 연구가 필요한 대목이다.

그러나 상기의 〈그림 4〉는 재산의 소유가 민간인이고 재화나 서비스의 가격만을 정부가 규제하는 경우를 설명한 것이다. 우리는 이것을 '간섭주의'라고 부른다고 지적했다. 스웨덴 의료제도는 사회주의로서 의료기관을 지방정부가 소유하고 운영도 지방정부가 담당하는 체제이다. 1990년대에 이런 문제점을 해결하기 위하여 의료기관 간에 경쟁을 유도하는 방법을 도입했지만 의료가 사회주의라는 근본적인 특징은 변하지 않는다. 사회주의는 간섭주의보다 더 나쁜 것이다. 사회주의에서는 외부 관찰자에게는 관찰이 잘 되지 않는 여러 가지 폐해와 비용이 발생한다.

이 점도 심도 있는 연구가 필요한 부분이다.

스웨덴의 고령자와 장애인에 대한 장기요양서비스도 관리주체가 코뮌이라는 지방자치단체라는 점이 다를 뿐이지 일반 의료서비스 체계와 비슷하다. 장기요양서비스가 코뮌의 세수와 자기부담으로 유지되고 운영되는 점, 자기부담액에서도 상한액이 있는 점 등이 그렇다. 1970년대 이래로 고령자와 장애인의 경우에 의료서비스 비용의 일부를 자기가 부담하였지만 최근에는 폐지되었다. 그러므로 의료서비스가 안고 있는 문제가 장기요양서비스 체계에도 그대로 존재할 것으로 예상할 수 있다.

실제로 1992년 에델 개혁은 고령인구 증가로 인한 노인 간병 시설 부족, 시설 입주 대기시간의 장기화 등의 문제를 해결하기 위하여 노인 간병 서비스를 지방정부로 이양하는 것을 주된 내용으로 하는 것이었다.[23] 그러나 에델 개혁 이후에도 진료 시간의 단축으로 인한 의료의 질 하락, 노인 의료비용의 상승, 지방정부의 재정상의 어려움 등의 문제가 상존하고 있다는 보고가 있다.[24] 그리고 이것도 사회주의이기 때문에 〈그림 4〉에서 설명한 상황보다 더 나쁘다고 할 수 있다.

다만 최근에는 경영의 효율화를 위하여 의료서비스와 장기요양서비스 제공 시 공립 의료기관과 민간 의료기관이 경쟁을 하도록 유도하고 있다. 그러나 재원은 모두 지방자치단체가 제공하고 운영만 주체가 다른 것이다. 이것은 공립 의료기관이 비효율적임을 보여주는 간접적인 증거라고 하겠다. 의료기관 간의 경쟁이 소비자를 위한 경쟁이 아니라 세금을 위한 경쟁이 될 가능성도 작지 않아 보인다.

덴마크의 의료제도와 정책은 스웨덴과 유사하다. 주(州)는 보건의

23 신광영(2010), 72쪽 참조.

24 백석인(2006), 65쪽 참조.

료에서 병원을 소유하고 경영하며 필요한 재원을 재산세와 소득세를 통해 조달한다. 보건의료에서 시(municipalities)는 홈너싱(home nursing)과 예방프로그램을 책임지고 있다. 시 위원회와 주 위원회가 법률이 규정한 한계 내에서 보건의료 서비스의 양과 질을 결정한다. 대부분의 보건의료 서비스는 주와 시에서 무료로 제공한다. 다만 외래환자에게 투여되는 약, 치과치료, 물리치료 등에 한정하여 환자가 일정한 금액을 부담한다. 병원이 공립이라면 의사와 간호사들은 모두 지방 공무원이다. 덴마크의 의료도 재원을 조세로 조달하고 모든 사람에게 제공된다는 점에서 보편주의적 복지제도이다. 평등주의에 대한 강조로 민간 병원은 최근에야 허용되었다. 1970년대와 1980년대 경제성과가 좋지 않으면서 1990년대에 들어와서 복지제도 전체에 생산성과 효율성을 도입하는 시도가 이루어졌지만 그 이전에 만들어진 복지제도의 큰 틀은 변하지 않았다고 여겨진다.

덴마크에서 1990년대에 이루어진 개혁의 내용은 대략 다음과 같다. 첫째, 1992년에 의사가 환자의 상태와 치료 방법에 대해 고지할 것을 의무화했다. 둘째, 1998년에는 환자가 자신의 병에 관한 정보를 의사에게 요청할 권리를 인정하고 치료 방법을 선택할 수 있는 권리를 가지게 되었다. 셋째, 1993년에는 환자가 병원을 선택할 수 있는 권리를 인정했다. 그 결과 환자는 전국 어디에서나 자신의 병을 치료할 수 있게 되었다. 넷째, 환자의 선택을 병원의 성과에 반영하는 방법을 도입했다. 그러나 이러한 개혁은 비록 병원들과 의사들의 효율성과 생산성을 증가시키는 것이지만 의료제도 자체가 사회주의라는 한계점을 극복하는 데는 제약이 있었다. 덴마크 보건의료제도도 스웨덴과 유사하기 때문에 스웨덴과 유사한 문제점을 가질 것으로 여겨진다. 예를 들면 비응급 수술 치료에 대해서는 3개월의 기간을 대기하는 것이다. 이것은 앞에서 제시한 그림을 그대로 적용할 수 있다. 보건의료의 가격이 자유시장 가격보다 매우 낮게 규제됨으로써 발생하는 배급과 대기라고 하겠다.

두 나라에서 민간 의료기관의 설립이 허용되었지만 사회 전체 의료에서 그 비중은 크지 않아 보인다. 민간 의료기관이 성장하지 않는 이유는 민간 병원에 대한 국민의 거부 반응, 높은 세금 등이다. 게다가 민간 병원이 순수한 민간 병원이라기보다는 외형만 민간 병원이다. 이 점은 의료 시장의 경쟁을 제약하는 요인이다.

5

높은 교육비 지출과 너무 많은 교사들

덴마크와 스웨덴의 교육제도와 정책은 대동소이하다. 부모의 능력과 상관없이 모든 개인은 학교 교육을 받아야 한다는 것이 두 나라 교육 정책의 기본 정신이다. 두 나라의 교육정책이야말로 보편주의적 특성이 잘 구현된 정책이라고 하겠다. 그렇기 때문에 고등학교 교육까지 등록금, 교재비, 급식비, 각종 교육 준비물 등은 대부분 무료이다. 만약 부모가 부담하는 비용이 있다하더라도 아주 소액이고 비정규적인 것이다. 대학교육은 학비는 무료이지만 다른 비용은 본인이 해결해야 한다. 이 경우에도 각종 지원 제도가 마련되어 있어서 비용을 부담하는 일이 상대적으로 쉽다.

덴마크의 경우에 초등학교(Folkeskole)는 7세부터 16세까지로 우리나라의 초등학교와 중학교를 합친 것이다. 10세부터 영어교육이 의무적이고 14세부터 제2외국어 교육이 의무적이다. 학교는 원칙적으로 공립이고 운영비용은 지방자치단체가 지방세 수입으로 충당한다. 스웨덴에서는 학교공부를 시작하는 연령이 8세가 원칙이지만 최근에는 7세부터 시작하는 학생도 받아준다. 스웨덴은 1990년대 초 교육제도 개혁으로 학교를 강제로 배정하는 제도에서 선택제로 변경하면서 최근 사립학교가 상당수 생겨났지만 비용은 학생 수에 따라 지방자치단체가 지불할 뿐 아니라 교과과정의 운영도 교육청의 방침에 따라야 한다. 학교의 운영만 운영주체에게 맡기는 것이다. 일종의 '바우처' 제도인 것이다. 사립학교의 설립과 운영은 개인이나 주식회사가 한다. 물론 감독 당국이 정한 이외의 비용을 학교가 학부모나 학생에게 요구할 수는 없다. 결국 비용과 교과과정까지 운영주체가 책임을 진다는 관점에서 보면 스웨덴 사립학교는 명칭만 사립학교일 뿐이다. 사립학교의 수는 전체 학교 수의 약 14%, 학생 수 기준으로는 약 4%이다. 이런 종류의 학교를 인가하게 된 것은 이를 통해 학교 간 경쟁을 유도함으로써 교육의 질을 높이고 운영의 효율성을 진작시키고자 함으로 여겨진다.

덴마크 고등학교(Gymnasium)는 3년제이고 고등상업기술시험을 쳐서 대학에 진학이 가능하다. 고등학교는 2~3년제 직업학교도 있는데 분야는 농업, 사회보건, 직업교육 연수 등이 있다. 초등학교까지가 의무교육이지만 고등학교 교육도 학비와 교재비 등은 무료이다. 학생은 소액의 급식비 등을 내면 된다. 스웨덴의 고등학교 진학률은 95% 정도이다.

덴마크의 경우에 초등학교와 고등학교의 학생 수는 약 59만 명이고 교사 수는 약 5만 1천 명 정도이다. 그 결과 교사 1인당 학생 수는 약 10명 내외로 매우 낮은 편이다. 교사의 총수에서 여성의 비율이 약 70%에 육박하고 있다. 이 점은 여성의 사회진출 영역이 매우 제한적임을 보여주는 한 가지 증거라고 할 수 있다. 스웨덴에서도 초등학교에서는 교사 1인당 학생수가 10명 내외이다.[25]

덴마크 대학교육은 대부분 학사과정 3년, 석사과정 2~3년으로 이

25 신필균(2011), 214쪽 참조.

루어져 있다. 대학교육도 학비 등이 무료인 점은 초·고등학교 교육과 마찬가지다. 두 나라 대학교육의 가장 큰 특징은 대학이 직장인, 실업자 등을 재교육하는 프로그램을 운영한다는 것이다. 이때 비용은 정부가 지원하게 된다. 대학원의 경우에도 학비는 장학금을 받고 기숙사비, 생활비 등은 장학금을 받거나 연구와 관련된 일을 하여 해결한다.

스웨덴의 대학은 1~3년 과정의 직업대학과 3~5년 과정의 일반대학으로 나뉜다. 직업대학은 지자체가 설립한 교육기관, 국립대학교, 민간교육시설이 있다. 그러나 학비는 무료이고 운영비는 모두 국가가 지원한다. 여기에 성인 고등학교 교육도 존재한다. 2009년 현재 대학 재학생 40만 명 중에 25세 미만은 45%, 25세 이상 30세 미만은 22%, 30세 이상 40세 미만은 18%, 40세 이상은 15%이다.[26] 이것은 임금 체계 때문에 대학교육이 절실히 필요하지 않은 측면도 있지만 무엇보다도 대학교육이 무료가 되면서 수요에 비해 공급이 충분하지 않기 때문에 일어나는 효과일 것으로 짐작된다. 특히 이런 현상은 직업대학에서 두드러진다. 직업대학 입학 경쟁률은 평균 약 3대 1이다.[27] 직업대학은 취업률이 높아서 지원자가 몰리는 반면에 공급이 충분하지 않기 때문이다. 그러나 실업자나 사회인은 우선 입학된다. 매년 직업대학 지원자 중에서 약 2/3는 대학에 입학할 수 없고 다음 기회에 진학해야 한다. 사실상 매년 공급이 수요를 충족할 수 없다면 공급을 초과하는 학생은 일자리를 찾아서 직장생활을 하고 난 이후에 지원하는 것이 상대적으로 쉽다. 사회인은 우선 입학 허가가 나오기 때문이다. 여기에서도 배급제가 작동하고 있음을 알 수 있다. 이것이 보편적 복지정책의 일환으로 실시되고 있는 교육계의

26 유모토 켄지 외(2011), 166쪽 인용.

27 유모토 켄지 외(2011), 167쪽 인용.

문제점 중의 하나이다.

스웨덴의 경우에 부모의 소득이 자녀의 양육과 교육에 미치는 영향을 최소화한다는 명분하에 18세 미만의 자녀가 있는 가정에는 일정한 액수의 아동보조금[아동수당], 자녀가 고등학교에 재학하는 기간에는 학업보조금[학업수당]을 정부가 지급한다. 아동보조금, 학업보조금 등은 부모의 소득과 관련이 없다. 그리고 아동보조금은 인구정책과 맞물리도록 설계되어 있다. 즉 자녀 수가 늘어날수록 아동보조금은 더 많이 늘어나는 것이다. 그리고 초등학교에서는 맞벌이 가정을 위해 취학아동이 등교 전, 방과 후, 장기휴가 기간 등에 다니는 '여가시설'도 갖추고 있다.

덴마크와 스웨덴 교육제도와 정책의 특징은 대학교육까지 비용의 대부분을 국가가 부담한다는 점이다. 그럼에도 불구하고 대학진학률이 우리나라처럼 높지 않은 것은 수수께끼라고 하겠다. 아마도 고졸자와 대졸자의 임금 격차가 그렇게 크지 않기 때문인 것이 하나의 이유가 될 것이다. 다른 한편 대학에 바로 진학하지 않고 사회인이 되고 난 후 또는 실업자가 되고 난 후에 대학에 진학하는 것은 대학이 그만큼 배급되고 있기 때문인 것으로 여겨진다. 사회인 또는 실업자가 고등학교를 갓 졸업한 학생보다 우선권이 있기 때문이다.

보편주의에 의거한 교육에는 다른 문제점도 있을 것으로 여겨진다. 첫째, 교육비 지출이 엄청나지만 유명한 대학이 많지 않은 현실은 보편주의적 교육의 문제로 간주하지 않을 수 없다. 〈표 5〉에서도 알 수 있듯이 스웨덴의 교육비 지출은 한국의 약 2배, 미국의 약 2.25배, 일본의 약 3.3배이다. 물론 교육비로 지출한 비용의 일부는 엄격한 의미에서 시장가격이 아니라 추정가격이기 때문에 직접 비교하기가 어렵다. 이것이 경제계산의 문제라는 것으로 미제스가 자원이 국·공유화되면 발생하는 문제점으로 지적한 것이다. 특히 모든 것이 국가에 의해 지배되고 있는

〈표 5〉 4개국의 교육비 지출 비교

[단위: %]

	(민간교육비지출/GDP)×100(A)	(정부교육비지출/GDP)×100(B)	C = A + B
스웨덴(2009년)	-	14.4	14.4
한국(2007년)	3.8	3.7	7.5
미국(2007년)	1.5	4.9	6.4
일본(2007년)	1.2	3.1	4.3

출처: 한국: GDP - 통계청. 교육비 지출 – 통계청(국민계정, 가계의 목적별 최종소비지출)
일본: 교육부 예산 2008년 문부과학성 예산(일반회계+특별회계):
http://www.mext.go.jp/b_menu/houdou/20/01/08012109/001.pdf
민간 교육비 http://www.stat.go.jp/english/data/nenkan/1431-03.htm
미국: 교육부 예산 2008년 연방 교육부 예산
http://www2.ed.gov/about/overview/budget/history/index.html,appropriation(세출예산)
민간교육비 http://www.census.gov/compendia/statab/2011/tables/11s0676.pdf
GDP 대비 정부의 교육비 지출: OECD Family Database: www.oecd.org/els/social/family/database

주: 스웨덴은 민간교육비 지출이 없는 것으로 가정.

경우인 덴마크와 스웨덴에서 그런 문제점은 심각하다. 그런 문제점을 무시하더라도 스웨덴은 미국과 비교하여도 교육에 엄청난 비용을 쓰고 있음을 알 수 있다. 그럼에도 불구하고 세계적으로 유명한 대학은 미국에 가장 많다. 우리나라는 교육에 관한 한 비용을 많이 지출하는 국가에 속한다. 스웨덴은 그런 우리나라보다 더 많은 비용을 쓰고 있다. 물론 스웨덴의 교육비에는 실업자 등을 교육하는 데 소요되는 비용이 포함된 것이다. 그러나 그 점을 감안하더라도 교육비 지출은 너무 과다하다고 하지 않을 수 없다. 이것은 다른 영역, 예들 들어 의료 같은 부문에서 자원이 부족함을 보여주는 간접적인 증거이다.

둘째, 두 나라의 높은 교육비 지출에 비하면 교육성과는 상당히 초라하다. 예를 들어 OECD PISA가 제시한 초등학교 4학년 또는 8학년 교육성과 자료에 의하면 스웨덴의 경우 2009년 현재 OECD 국가들 가운데 종합적인 독해 능력은 19위, 수학 26위, 과학 29위 등이다. 특히 과학은 확실히 평균 이하이다.[28] 덴마크의 경우에 2009년 현재 종합적인 독해 능력은 24위, 수학 19위, 과학 26위이다. 수학만 확실히 평균 이상이다. 물론 상기 성과 지표가 창의성 같은 교육의 중요 목표를 잘 반영하고 있는지는 알 수 없다. 그러나 이 통계자료가 초라한 교육성과를 보여주는 자료로는 의미가 있다고 생각한다.

셋째, 대학이나 성인학교에 등록하는 것은 크게 두 가지 이유가 있을 것이다. 하나는 자신의 경력을 개선하기 위한 것이다. 다른 하나는 순전히 실업을 모면하기 위한 방책일 수 있다. 후자의 경우에 두 나라에서 대학이나 성인학교에 등록한 학생은 실업자로 간주되지 않는다. 그러나 실제로는 실업자이다. 문제는 통계자료에서 그런 실업자를 구분할 수 없다는 것이다. 그렇지만 그런 실업자가 없는 것은 아닐 것으로 여겨진다. 이 점도 보편주의의 단점 중의 하나로 간주해야 한다.

넷째, 사회 · 경제적인 인센티브 제도가 교육 자체를 왜곡시키는 경우도 발생하고 있다. 가장 적절한 사례는 의사의 보수가 낮게 책정됨으로써 의사를 지망하는 학생이 부족하고 그 결과 학교 교육에서 의사를 양성하는 교육기관이 충분히 공급되지 않는다. 이것은 교육과 의료가 모두 정부의 통제 하에 있기 때문이다. 그런 상황에 비하면 초등학교와 고등학교에서 교사당 학생의 수는 전 세계에서 최고 수준이다. 두 나라에서 초등학교 또는 초 · 고등학교 교사 1인당 학생이 10명 내외라는 수준은 미국에서 가장 시설이 좋고 경쟁력이 있는 기숙형 사립 고등학교보다 더 나으면 나았지 못한 수준은 아니다.

다섯째, 정부가 비용과 교과과정을 통제하고 있다는 것은 학교 운

---

28 이 자료는 OECD PISA 2009 database가 출처이다.

영이 그만큼 자율성이 부족하다는 것이다. 예를 들어 교과과정에 대한 통제가 새로운 학문이나 기술의 혁신 또는 발전에 장애가 될 수 있다. 그러나 자율성이 부족한 것이 현실에서 어떤 부작용을 초래하고 있는가는 피상적인 관찰로는 파악하기가 어렵다. 교육이 사회주의이기 때문에 발생하는 문제는 잘 보이지 않기 때문에 면밀한 관찰과 연구가 필요하다.

여섯째, 최근에 스웨덴은 초등학교에 국한해서 민간인 또는 민간인 집단으로 구성된 주식회사가 학교를 설립하고 운영할 수 있도록 하였다. 물론 비용과 교과과정은 전적으로 정부의 통제 하에 있게 된다. 이렇게 비록 명목적이지만 사립학교를 도입하게 된 것은 국가가 운영하는 국공립학교가 효율성 측면에서 한계가 있음을 스스로 인정한 것으로 여겨진다.

일곱째, 덴마크는 초등학교 10세를 전후하여 원어민 교사를 이용하여 영어 교육을 받게 하여 실질적인 영어 공용화에 성공함으로써 다음 세대 영어 교사를 자체적으로 양성하는 데 성공했다. 교육정책을 담당하는 우리나라의 당국이 눈여겨 보아야 할 대목이다.

덴마크에서는 공교육에 대한 불만으로 사교육, 즉 민간이 운영하는 학교들이 1960년대부터 운영되어 왔다.[29] 민간이 운영하는 학교이지만 정부로부터 상당한 재정지원과 감독을 받는다. 그러나 부모들이 학교의 운영에 영향을 미칠 뿐 아니라 비록 일부이지만 학교 운영 경비의 일부를 부담함으로써 책임성을 높인다. 전체 학교에서 민간이 운영하는 학교는 학생 수 기준으로 1960년대 5~6%에서 2010년 현재 약 14%까지 증가했다. 그 결과 덴마크의 민간이 운영하는 학교는 공교육에 대한 대안의 하나가 되고 있는 것처럼 보인다.

29 덴마크에서 민간이 운영하는 학교에 대한 자세한 내용은 송순재(2010)를 참조.

6

퍼즐 생활과 가족관계의 특수성

복지제도가 덴마크 노동시장, 특히 여성 노동시장을 어떻게 구조적으로 왜곡해 왔는가를 알아보기로 한다. 20세기 초 낮은 출산율과 높은 이민율 등은 덴마크 노동시장에 심각한 노동공급 부족을 야기했고 바로 그 이유로 정부는 여성의 경제활동 필요성을 절감했다.[30] 1960년대에 많은 여성이 노동시장에 진입했다. 1960년대 후반 경제적 불평등 문제가 정치적 이슈로 등장하면서 양성평등 문제가 전면에 등장했다. 여성정책 전반을 먼저 검토하고 다음 절에서는 가족정책의 핵심이라 할 수 있는 보육정책을 다루고자 한다.

두 나라 복지체제의 기본 정신은 국민이라면 누구나 일하고 세금을 납부해야 한다는 것이다. 그 결과 대부분의 사회보장 서비스는 노동자 자신이 창출한 종전의 소득에 비례하게 만들어져 있다. 그 점에서 두 나라 복지제도의 근간은 저소득층에게 최소한의 생활수준을 보장하는 구빈적 성격의 것이 아니다. 다시 말하면 두 나라의 사회보장체계는 임금노동자 중심의 보장체계라는 것이다. 이 점은 여성에게도 예외가 아니

30 힐슨(2010), 148쪽 참조.

다. 이러한 사회보장체계에서는 기혼 여성들이 아내와 어머니라는 지위보다는 시민권에 기초하여 사회보장 수급권을 가지게 된다. 소위 양성생계부양자모델인 것이다.

두 나라는 양성생계부양자모델에 맞는 각종 복지제도를 제안하고 실천하고 있다. 소위 '맞벌이 부부'가 정상이거나 맞벌이 부부를 권장하는 복지제도는 이루 헤아릴 수도 없이 많다. 첫째, 스웨덴은 1980년에 남녀평등법을 제정하여 고용과 노동조건에 있어서 성차별을 금지하고 있다. 그리고 노동조합이 기업의 준법 여부를 점검하고 있다. 덴마크에서는 노동조합이 성차별을 금지하고 있다. 스웨덴은 2006년 현재 동일한 업무 · 직급 · 연령인 경우에 여성의 임금은 남성 임금의 92%에 달하고 있다.[31]

둘째, 스웨덴은 1970년대에 개인 단위의 과세제도를 도입했다. 그 이전까지 부부단위로 세금이 부과되었다. 그러나 사회보장 급여가 소득에 비례하게 된 경우에 개인 단위의 과세는 여성의 사회진출을 촉진하는 역할을 하게 된다. 예를 들어 연금보험료는 현역시절의 소득에 비례하여 납부하고 그에 따라 은퇴 후 연금수령액도 그에 비례하여 받게 되는 것이다. 그러므로 노후의 생활수준을 유지하기 위해서는 여성도 노동을 하고 소득을 얻지 않을 수 없다.

셋째, 스웨덴에서는 여성이 출산 후에 아이를 돌보는 일을 돕기 위하여 육아휴직보조금[육아휴직수당]을 제공하고 있다. 육아휴직보조금을 지급하는 기간은 16개월이고 최초 13개월간은 종전 급여의 최대 77.6%가 지급된다. 나머지 3개월은 소득에 관계없이 일정액이 지급된

31 유모토 켄지 외(2011), 101쪽 참조.

다. 그리고 그 기간이 끝나고 나면 예전 직장으로 복귀하게 된다. 이때 육아휴직보조금은 고용주가 부담하는 것이 아니라 부모휴직보험에서 지불한다. 최근에는 정부가 남성이 육아휴직을 하도록 권장하고 있다. 소위 '아버지 쿼터'라는 것이다. 스웨덴 정부가 남성의 육아휴직을 권장하는 것은 육아로 인한 직장에서의 여성의 불평등을 해소할 수 있는 열쇠로 보기 때문이다. 덴마크에서도 출산으로 인한 성차별을 없애기 위하여 2004년부터 부모휴직기금을 마련하고 있다.

넷째, 아래에서 자세히 보겠지만 공공보육의 정부 지원, 풀타임과 파트타임의 시간당 급여에 차이를 두는 것을 금지하는 것 등은 남녀평등을 제도적으로 보장하는 것이다. 그러나 아직도 육아의 책임을 여성이 많이 부담하기 때문에 여성이 파트타임을 선택하는 경우가 많다.

앞에서 언급한 남성과 여성 간의 불평등 문제를 해결하는 방안의 하나로 스웨덴은 1960년대, 덴마크는 1970년대에 정부는 공공보육과 여성, 특히 모성에게 복지혜택을 주는 방안을 연결하는 복지체제를 만들었다. 이런 체제에는 자녀의 양육을 지원하는 자녀보조금[자녀수당], 부모가 육아로 인한 휴직 때문에 발생하는 소득의 손실과 경력의 손실을 보전해 주기 위하여 만든 부모휴직보조금, 육아 기간에 아이의 병으로 인한 소득의 손실을 보전해주기 위하여 만든 간호보조금(간호수당) 등도 포함된다. 스웨덴에서도 이와 비슷한 보조금[보험]제도가 매우 발달해 있다.[32] 또한 인구의 고령화로 고령자의 장기요양 서비스에 대한 수요가 증가하고 있고 그런 수요가 고용 창출로 이어지고 있는 것도 현실이다.

보육정책을 포함한 각종 복지제도는 여성을 노동시장에 참여할

---

32 스웨덴의 자세한 내용은 김주숙(2000)을 참조.

수 있게 만들뿐 아니라 보육 서비스를 포함하는 각종 서비스를 제공하는 일자리도 동시에 창출한다.[33] 물론 여성에게 복지 혜택을 개인 차원에서 제공할 수 있게 된다. 그 결과 덴마크에서 공공보육(3세부터 6세까지)은 1960년에 전체 유아의 10%, 1973년에 30%, 2000년에 약 75%로 크게 증가했다. 이와 함께 1960년 이후에 영아(0세부터 3세까지)를 돌보는 서비스도 크게 증가했다. 스웨덴에서는 1960년대 말에 정부 지원 공공보육이 약 60%에 달했다.[34] 지금은 2세 아동의 약 절반, 3~6세 아동의 90~97%가 공공보육 혜택을 받고 있다.[35] 스웨덴에서 보육원 이용료의 5/6는 코뮌세가 주요 재원인 코뮌의 예산으로 충당된다. 그 결과 공공보육 시설을 이용하는 경우에 가계의 부담은 크지 않다. 스웨덴은 1985년에 모든 취학 전 아동에게 공공데이케어(public day care)를 약속하는 법률을 통과시켰다. 덴마크도 뒤이어 유사한 법률을 통과시켰다.

유아(0세에서 3세까지는 일부)에 대한 보육 서비스를 정부가 세금으로 지원하는 것은 일차적으로 세 가지 결과를 만들어 낸다. 첫째는 공공보육이라는 일자리를 창출한다. 둘째는 여성의 노동시장참가율을 증가시킨다. 그것은 여성이 진입하게 되는 산업이나 기업의 임금을 떨어뜨리는 효과를 초래하게 된다. 만약 성장이 지속되는 경우에는 노동비용 상승이 경쟁력을 압박하는 요인이 되는데 구조적으로 그런 압박을 어느 정도 해소하게 해준다. 임금의 하락은 노동비용 측면에서 기업의 경쟁력을 강화해주는 것이다. 그것은 소득의 증가로 이어질 수 있는 요인이다. 셋째는 여성이 노동시장에 참가하는 만큼 정부는 세금을 더 많이 징수할 수 있

33 이하 덴마크 통계수치는 Christiansen and Petersen (2001), 189쪽 참조.

34 스웨덴 자료는 Kjeldstad (2001), 74쪽 참조.

35 유모토 켄지 외(2011), 112쪽 참조.

고 그 재원으로 여성 자신에게도 복지 혜택을 줄 수 있게 된다. 공공보육에서 촉발된 공공보육 서비스를 위주로 한 일자리 창출, 여성의 노동시장참여와 임금 하락, 여성 개인에게 복지 혜택 제공 등은 복지국가 체제를 지향하는 국가에게는 더할 나위 없는 '선순환' 체계인 것이다.

정부가 세금으로 지원하는 공공보육 정책이 여성의 노동시장 참여를 크게 높일 것임을 앞에서 지적했다. 그리고 앞 절에서 지적했듯이 여성의 노동시장 참여를 높인 원인은 한 가지만이 아닐 것이다. 그것은 분명히 여러 가지 제도의 복합적인 결과일 것이다. 그러나 그것들 중에서 무엇보다도 공공보육 정책이 가장 큰 영향을 미친 요인일 것으로 필자는 주장하는 것이다. 왜냐하면 육아 지원 정책이 없다면 여성은 육아를 위하여 일단 노동시장을 떠날 수밖에 없기 때문이다. 그리고 그런 노동시장의 이탈은 노동시장에서 여성의 지위를 불안정하게 만드는 가장 중요한 요인이다.

〈표 6〉에는 덴마크와 스웨덴에서 연도별 남성 노동시장 참가율, 여성 노동시장 참가율, 여성의 노동시장 참가율을 남성의 노동시장 참가율로 나누어서 100을 곱한 값 등이 나와 있다. 마지막 수치는 남성을 기준으로 여성의 노동시장 참가 정도를 보여주는 지표로서 덴마크의 경우에 1981년에 이미 약 82%로 높았고 그 이후 점차 증가하여 2008년에 약 91.0%에 이르렀다. 스웨덴의 경우에 그 수치는 1981년에 약 84%에서 출발하여 2008년에 약 92.4%에 이르렀다. 비록 큰 차이는 아니지만 스웨덴이 덴마크보다 여성 노동시장 참가율이 높다는 것을 알 수 있다. 이러한 사실은 1990년대 이후에 북부 유럽 국가들의 여성 노동시장 참여율이 다른 어떤 나라보다 높았음을 의미한다.[36] 이 점은 남성의 노동시장 참가

36 힐슨(2011), 148쪽 참조.

〈표 6〉 덴마크와 스웨덴의 연도별 남성 노동시장 참가율 대비 여성 노동시장 참가율(15~64세)

[단위: %]

	덴마크			스웨덴		
	여성 노동시장 참가율(A)	남성 노동시장 참가율(B)	(A/B)×100	여성 노동시장 참가율(A)	남성 노동시장 참가율(B)	(A/B)×100
1981	72	88	82	74	88	84
1986	77	88	88	78	84	93
1990	79	90	88	80	85	94
1997[1]	75	85	88	73	78	94
2001[2]	74.1	82.4	89.9	-	-	-
2006[2]	74.7	82.3	90.8	-	-	-
2007[2,3]	74.1	81.9	90.5	68.3	73.9	92.4
2008[2,3]	74.6	82.0	91.0	68.4	74.0	92.4

자료: 1981, 1986, 1990, 1997년 자료는 Kjeldstad (2001), 84쪽에서 재인용.
2001, 2006, 2007, 2008년 자료는 국가통계 포털/국제기구 회원국별 통계/OECD/노동 · 임금/경제활동인구 및 참가율.

주: 1은 25~49세 그룹.
2에서 덴마크는 15~66세의 노동력표본통계조사(Labour Force Sample Surveys)임.
3에서 스웨덴은 15~74세의 노동력표본통계조사(Labour Force Sample Surveys)임.

는 높고 여성의 노동시장 참가는 매우 낮은 국가인 일본과 비교하면 두드러진다. 2008년 일본의 여성 노동시장 참가율을 남성 노동시장 참가율로 나눈 값을 퍼센트로 전환하면 약 73.1%로서 동일한 연도의 덴마크와 스웨덴보다 매우 낮은 것임을 알 수 있다. 물론 일본 통계치는 15~64세의 경제활동 참가인구(=취업자+실업자)를 집계한 것이기 때문에 비교에 유의해야 한다. 그렇지만 덴마크와 스웨덴에서 여성의 노동시장 참가율이 어떤 나라보다 높다는 점은 부인할 수 없다.[37]

그러나 정부가 지원하는 여성정책과 공공보육 정책은 문제점 또

37 출처는 국제노동기구의 노동통계자료(LABORSTA).

한 드러난다. 첫째, 여성의 노동시장 참가가 기업에 미치는 영향을 보기로 한다. 여성의 노동시장 참가가 특정 직종, 상당 부분 공공부문에서 이루어진 것은 사실이다. 그러나 모든 여성 노동자가 공공부문에서 일자리를 구한 것은 아니다. 일부의 여성 노동자는 민간 기업에 취업하게 된다. 임금의 하락은 무역에 종사는 민간 기업에 가장 크게 영향을 미친다. 여성의 노동시장 참가로 인한 노동비용의 하락은 수출에는 보조금을, 수입에는 관세를 부과하는 것과 같은 효과를 초래한다. 엄밀히 말해 수입의 경우에 수입재화가 상대적으로 비싸지기 때문에 수입을 금지하는 것과 같은 효과가 발생한다. 수출에 종사하는 기업과 수입 대체 재화를 생산하는 기업은 모두 좋아진다. 단기에는 적어도 그렇다.

그러나 생산요소로서의 노동은 나빠진다. 정부의 지원에 의한 공공보육, 그로 인한 여성의 비자발적인 노동시장 참가는 자유시장보다 싼 임금, 높아진 세금(물론 세금의 일부는 연금 등의 형태로 돌려받기 때문에 그 부분은 제외해야 한다) 등으로 노동자의 구매력은 나빠진다. 여성의 참여가 적극적인 산업, 예를 들어 소매 · 사무직 등은 정도는 다르지만 남성도 그렇게 된다. 공공보육으로 특히 여성의 비중이 높은 직업이나 직종, 예를 들어 공공보육 서비스 자체, 장기요양, 학교교육, 의료와 보건 등으로 여성이 몰리기 때문에 그런 곳에서 임금은 더 낮아진다. 왜냐하면 지방자치단체는 이윤과 손실에 영향을 받지 않기 때문에 서비스의 수요자가 아니라 서비스 생산자의 요구에 따라 일자리가 만들어질 공산이 크고 그 결과 서비스의 생산자인 여성이 지방자치단체가 관할하는 서비스 업종에 불필요하게 많이 몰리기 때문이다. 게다가 임금을 지불하는 지방자치단체는 세입에 의해 강한 압박을 받을 뿐 아니라 그런 직종이나 직업은 생산성을 올릴 여지도 많지 않다. 다른 말로 하면 자발적 노동시장 참가 제도와 비자발적 노동시장 참가 제도를 비교하면 전자에서의 노동자의 임금과 비교하여 후자에서의 노동자의 임금이 낮은 것이다. 물론 그 정도는 각 산업과 각 기업마다 다를 것이다.

보육에 대한 정부의 지원이 가족관계에게는 어떤 영향을 미치나? 이 문제는 먼저 시장과 정부의 관계에 대한 것과 시장 내에서의 개인과 가족의 소비 행위 범위에 대한 것으로 나눌 수 있다. 외부효과가 있는 경제행위인 경우에도 시장이 그런 행위를 수행하도록 하는 것이 바람직하다. 여기에서 정부가 해야 할 일은 경제주체들의 재산권을 보호하는 것이다.[38]

여성의 가정에서의 역할, 특히 어머니로서의 역할이 상당 부분 국가로 대체되면서 가족관계의 변화가 예상된다.[39] 자유시장일 때보다 가족 구성원의 유대관계가 더 느슨하게 될 공산이 크다. 이러한 가족관계의 변화는 자살의 증가, 동거혼인의 증가, 비만과 질병 발병의 증가, 각종 일탈 행위의 증가 등을 초래할 수 있는 환경을 제공하게 된다. 스웨덴의 경우에 소득 수준도 높은 편이지만 자살률도 세계에서 10위 내외로서 결코 낮은 것이 아니다.

덴마크와 스웨덴에서 여성인력을 활용하기 위하여 각종 제도를 갖추고 인력 관리를 하는 노력은 긍정적인 것이다. 현재 두 나라에서는 아침 9시에 출근해서 저녁 5시에 퇴근하는 것이 일반적인 직장 풍경이다. 노동조합이 각 기업의 출퇴근 상황을 엄격하게 관리해왔기 때문이

38 외부효과에 대한 자세한 설명은 전용덕(2006)을 참조.

39 김주숙(2000)은 스웨덴 가족의 보편성과 특수성으로 구분하고 있다. 보편성이란 전통적인 가족관계를 말하고 특수성이란 가족이 무시된 듯한 가족관계를 지칭한다. 국가가 가족관계에 개입하지 않았을 때 나타날 가족관계와 국가가 개입하는 경우에 나타날 가족관계로 구분하면 보편성과 특수성의 원인이 어디에서 발생하는지를 알 수 있다. 김주숙도 국가의 사회정책, 가족정책 등이 영향을 미쳤을 것으로 추측하고 있다. 그러나 김주숙은 그를 기초로 정책적 함의를 유도하지는 못하고 있다.

다. 선택적 근로시간제, 야간이나 주말에 초과 근무를 한 경우에 근무시간으로 인정하여 대가를 지불하는 제도 등은 여성 인력을 활용하기 위한 것으로서 훌륭한 것이다. 그럼에도 불구하고 부부가 쫓기듯이 하루하루를 살아가는 자신들의 신세를 '펴즐 생활'로 표현하고 있다는 것은 그런 제도가 상대적으로 어느 정도 시간적 여유를 만들어주지만 절대적인 관점에서는 결코 그렇지 못하다는 점을 보여주는 것이라고 여겨진다.

어떤 사람이 가족을 구성할 것인지, 언제까지 유지할 것인지, 어떻게 유지할 것인지, 보육은 어떻게 할 것인지 등의 문제는 가족 단위에서 자율적으로 결정하게 하는 것이 최선이다. 그리고 그런 결정은 당사자들이 책임을 져야 한다. 자율과 책임은 결혼과 가족관계에도 반드시 적용되어야 할 가치이고 미덕이다.

여성의 노동시장 참가를 제도적으로 강제화함으로써 사회에 각종 부정적인 영향을 끼치거나 그렇게 할 수 있는 환경을 제공하는 것이다. 즉 국가가 지원하는 공공보육제도는 개인과 그에 기초한 가족의 의무와 자율성을 뿌리째 흔드는 것이라고 하겠다. 보육의 경우에, 그것을 가정 내에서 가족 구성원이 해결할 것인가? 또는 데이케어 서비스를 구입하는 방법으로 시장을 이용할 것인가? 이 문제는 정부가 개입하는 것보다는 개인의 결정에 맡기는 것이 최선이다. 즉 시장과 비시장의 경계는 개인과 가족이 정하도록 하는 것이 최선이다. 보육과 관련하여 문제를 가장 잘 알고 있고 가장 잘 해결할 수 있는 사람은 유아의 어머니를 포함한 가족이기 때문이다.

다음으로 결혼제도를 보기로 한다. 북부 유럽에는 전통적인 결혼제도와 함께 동거혼인(Samboendet)제도라는 것이 있다. 동거혼인이란 남녀가 동거를 먼저 시작하고 나중에 혼인식과 혼인신고를 하거나 극단적인 경우에는 동거를 계속하면서도 혼인식과 혼인신고는 하지 않는 경우도 있다. 또는 동거혼인에서 바로 이혼으로 가는 경우도 있다. 스웨덴의 경우에 동거혼인이 20% 내외이고 그 비율은 증가하고 있는 추세이다. 이에 따라 동거혼인에 의한 출산도 상당히 높은 편이다. 이와 함께 북부 유럽 국가에서 이혼율도 매우 높은 편이다. 스웨덴의 경우 1992년에 이혼율은 약 60%이다.[40]

동거혼인, 동거혼인에 의한 출산, 자유로운 인공유산 등은 어떻게 발달한 것일까? 북부 유럽 국가에서 젊은이들은 일찍 독립한다. 그리고 그들은 전통적인 방법으로 결혼을 하는 것이 여전히 다수이지만 비전통적인 방법인 동거혼인도 상당수이다. 청년에 대한 한계세율이 매우 높은 현실에서 임대주택을 혼자서 임대한다는 것은 쉽지 않다. 바로 그 이유로 상당수 젊은이는 동거혼인에 들어가는 것이다. 동거혼인은 이혼을 쉽게 할 수 있는 장점도 있다. 그런 경우라도 성이 개방적이어서 문화적으로 아무런 문제가 없을 뿐 아니라 동거혼인을 하는 경우에도 각종 복지제도에서 아무런 차별을 받지 않는다. 그러므로 동거혼인이 개인주의와 개방적인 성문화와 맞물려 복지제도에서 연유한 것임을 필자는 주장한다.

종합하면, 양성생계부양자모델에 근거하여 국가가 부모를 대신하여 보육을 떠맡음으로써 개인과 가족의 의무를 뿌리째 흔들어 놓았다. 복지제도를 유지하기 위한 높은 한계세율은 동거혼인 같은 비전통적 결혼제도가 출현하게 만들었다. 복지제도에 의한 전통적 가족의 붕괴는 여러 가지 문화적 일탈 현상의 원인이 되고 있다. 물론 여기에는 개인주의와 성 개방 같은 가치관이 맞물려 있다.

40 김주숙(2000) 참조.

7

연금제도의 잦은 변경과 보편주의의 포기[41]

사회보장의 중핵 중 하나가 노인의 복지이고 따라서 연금제도는 복지정책에서 중요한 위치를 점한다. 노인 복지를 완전하게 하기 위하여 노인을 위한 주택 보조금 등이 추가된다. 여기에서는 스웨덴의 연금제도를 보기로 한다.[42] 2000년부터 시행에 들어간 새로운 연금제도는 크게 세 가지로 구분할 수 있다. 공적연금, 개인연금, 협약연금 등이다. 공적연금이 셋 중에서 가장 중요하다. 공적연금은 가입이 의무이다. 공적연금은 다시 소득비례연금, 적립연금, 최저보장연금 등으로 구분할 수 있다.

소득비례연금과 적립연금은 노동자의 소득에 비례하여 국가가 소득의 18.5%를 연금으로 징수한다. 이때 소득이란 '연금을 기초로 한 소득'으로서 연간 총소득에서 연금보험료를 제한 나머지 금액을 말한다. 연간 총소득이란 개인이 연간 받는 임금에 출산, 육아, 병가, 실업, 병역

41 우리나라 연금제도의 문제점에 대해서는 전용덕(2011) 참조.

42 스웨덴에서 연금제도는 1913년에 처음 도입되었다. 스웨덴 연금제도의 역사에 대한 개관은 주은선(2004)과 거기에 포함된 참고문헌을 참조. 이외에도 이광찬(2002), 백석인(2006) 참조.

등 사회보험으로 받은 총금액을 합산한 것을 말한다. 보험료율 18.5% 중에서 16%포인트는 소득비례연금 기금으로 사용되고, 2.5%포인트는 적립연금의 기금으로 마련되어 개인이 연금구좌를 만들어 스스로 기금의 운용처를 선택할 수 있도록 하고 있다.

마지막으로 현역시절의 소득이 적었기 때문에 소득비례연금과 적립연금이 적은 사람을 위하여 정부는 최저보장연금제도를 마련해 두고 있다. 이 제도는 소득비례연금과 적립연금의 수급액이 일정수준에 미치지 못하는 경우에 그 부족분을 정부가 보충해주는 제도이다. 이때 최저보장연금의 재원은 국세이다. 부족분만큼 공적 부조금으로서 보조금인 셈이다. 최저보장연금은 65세부터 받을 수 있지만 급부 금액은 스웨덴에 거주한 기간에 따라 달라진다. 65세 이상의 국민 중에서 현재 약 43%가 최저보장연금을 받고 있다.[43] 물론 그 액수는 개인마다 다르다. 예전에는 이것이 기초연금으로 모든 사람에게 제공되었던 것이다. 바로 이 점에서 연금의 보편주의적 특성이 훼손된 것이라고 할 수 있다.

개인연금은 공적연금을 보충하기 위하여 개인이 임의로 보험회사 또는 연금기관에 가입한 것으로 현재 200만여 명이 가입하고 있다. 협약연금은 노사 간 단체협약으로 마련되는 연금인데 화이트칼라 노동자를 중심으로 가입하고 있다. 협약연금의 경우에 고용주가 소득의 4.5%를 연금보험료로 지급한다.

그러면 국민이 실제로 받는 연금은 얼마나 될까? 기준사례를 보면 2009년 현재 65세가 되어 연금수급을 개시한 사람의 평균수급액은 월 10,199크로나(한화 약 170만원)로서 피고용자 월평균 수입액인 24,000크로

43 유모토 켄지 외(2011), 209쪽 참조.

나(한화 약 400만원)의 50%에도 미치지 못한다. 이 금액은 소득비례형 연금, 적립연금, 최저보장연금까지 포함한 것이지만 최저보장연금은 전체 연금 수령액의 2% 미만이다. 다만 연금에는 비과세 부분이 있기 때문에 그 점에서 은퇴자가 약간 유리한 측면이 있다.

앞에서 서술한 내용이 연금 재정의 고갈을 우려하여 1991년부터 1998년까지 토론과 논의를 거쳐 바꾼 것이다. 1990년대 연금 개혁 내용을 간략히 요약해보자. 첫째, 연금에서 보편주의를 포기하고 '잔여적' 복지로 전환했다는 것이다. 예전에 시민권에 기초하여 주어졌던 기초연금은 상대적으로 빈곤한 연금수급자에게 최저보장연금을 주는 것으로 대체되었다. 최저보장연금을 받는 사람은 전 국민의 40% 내외 정도이다. 예전에 기초연금은 시민권이 있는 모든 국민에게 주어졌다는 관점에서 보면 보편주의는 상당히 훼손된 것이다. 그렇지만 여전히 연금이 소득을 재분배하는 기능을 하고 있다. 비록 예전보다 그 기능이 약화된 것이지만 말이다.

둘째, 평생 보험료의 기여와 연금 급부를 강하게 연결하는 방식을 도입함으로써 예전에 급부 수준의 보장 같은 연대주의적 요소를 제거했다는 것이다. 과거에는 연대주의적 요소가 포함된 것으로 확정급여(Defined Benefits) 방식이었다. 새 연금제도는 각 개인의 보험료 적립의 결과를 반영하는 명목확정기여(Notional Defined Contribution) 방식이다.

셋째, 연금의 일부를 민영화한 것이다. 물론 이것은 완전한 형태의 민영화라고 보기는 어렵고 기금의 운영만이라도 경쟁을 도입하도록 하는 것이다. 적립연금은 연금 가입자 자신이 펀드를 선택하고 연금 급부가 그 펀드의 투자 결과에 따라 달라진다. 연금을 강제로 징수하지만 가입자가 사립 금융회사를 선택하고 그 결과 금융회사들 간의 경쟁을 유도한다는 것이다. 그리고 이 점은 공적 연금 관리 주체에게도 영향을 미칠 것이다.

넷째, 보험료의 징수와 급여의 지급에 있어서 '부과방식'(pay-as-you-go-system)에서 부과방식과 '적립방식'(funded system)을 혼합한 체제로 전환한 것이다. 부과방식이란 젊은 세대가 낸 연금보험료를 노령 세대에게 지불하는 방식을 말한다. 적립방식이란 자신이 낸 보험료에 운영 수익을 합하여 은퇴 후에 자신이 받는 제도를 말한다. 2000년 이전에는 연금제도가 부과방식이었다. 그런데 2000년 이후에는 소득비례연금은 부과방식을 그대로 두고 적립연금은 적립방식으로 설계했다.

다섯째, 1990년에는 기초연금 7.45%, 소득비례연금 13%로서 전체 보험료율은 20.45%이지만 개혁 이후에는 소득비례연금의 보험료율이 소득의 18.5%가 되었다. 1990년에는 모두 고용주가 부담했으나 개혁 이후에는 고용주가 9.25%, 피용자가 9.25%를 부담하게 되었다. 최저보장연금은 세금에서 부담한다. 두 가지 경우에 있어서 소득의 인정이 달라진 것이기 때문에 부담의 정도를 단순 비교할 수는 없다.

여섯째, 연금 개시 시기를 예전의 65세에서 67세로 바꾸고 70세까지 일을 하는 경우에는 우대하는 조건을 제시하고 있다. 비록 연금 개시시기를 2년만 연기한 것이지만 정부가 약속을 지키지 못한 것이다. 국민의 정부에 대한 신뢰는 연금제도를 포함한 정부 정책에서 매우 중요하다. 연금 개시 시기를 연장한 것이 고육지책이었겠지만 신뢰를 잃게 한 것은 사실이다.

덴마크의 연금은 가입이 의무화된 공적연금, 노동시장보충연금체계, 특별연금저축체계 등, 세 가지로 이루어져 있다. 공적연금은 다시 일정액을 제공하는 기초보편연금과 최저생활 보장을 위한 보충보편연금으로 구성되어 있다. 공적연금은 덴마크 거주 요건만 충족되면 누구나 받을 수 있는 것으로 보편주의적 연금이다. 정부가 세금으로 연금재정을 조달한다. 공식 은퇴 연령은 67세이다. 70세까지 일할 수 있는 유인을 제공하기 위하여 적절한 제도가 만들어져 있다. 노동시장 보충 연금체계는 반공적(semi-public) 연금의 성격을 가지는 것으로서 노동자이면 누구나 의무 가입이다. 특별연금저축체계는 직종에 따라서 독자의 조합방식에 의한 연금보험체계로서 순수하게 사적 연금이다. 덴마크 공적연금은 기여와 급부가 상당히 분리된 상태이다. 오늘날 덴마크 국민의 약 70%는 노동시장보충연금체계 또는 특별연금저축체계에 가입하여 있기 때문에 공적연금이 필요하지 않다고 생각하는 경향이 있다.[44] 덴마크에서는 다른 북부 유럽 복지국가에 비해 그만큼 공적연금의 중요성이 작다는 것으로 해석된다.

이제 새로 만들어진 스웨덴 연금제도의 문제점을 보기로 한다. 스웨덴의 연금제도는 부과방식을 근간으로 하고 있다. 부과방식의 특징상 연금보험료를 내는 사람과 연금 급부를 받는 사람 간의 균형이 무너지면 부과방식은 어려움에 직면하게 된다. 무엇보다 두 그룹의 균형은 고령화의 진행 정도와 인구 증가 정도의 상관관계에 달려있다. 후자에 비해 전자가 빠르거나 전자에 비해 후자가 느린 경우에 문제가 발생한다. 오늘날 대부분의 국가에서 고령 인구 증가에 비해 고령화의 진행이 매우 빠르다는 데서 문제가 발생하고 있다. 우리나라의 경우는 고령화는 너무 빨리 진행되고 있고 인구 증가는 너무 느리거나 아예 성장이 정체할 가능성이 커지고 있다는 데서 다른 나라보다 더 심각하다고 하겠다. 스웨덴의 경우에 고령화가 진행되고 있지만 인구 증가가 현저히 둔화되고 있는 증상은 아직 없다.

44 Christiansen and Petersen(2001), 195쪽 참조.

스웨덴에서 인구의 고령화는 매우 빠르게 진행되고 있다. 스웨덴의 2008년 현재 65세 이상 노인 인구는 전체 인구의 약 18%로서 세계 3위 안에 드는 초고령 사회이다. 노인 인구는 2050년에 전체 인구의 23% 이상이 될 것으로 예측되고 있다. 의학의 발달, 소득의 증대, 그로 인한 건강에 대한 관심 등으로 고령화는 앞으로 더욱 진전될 것으로 예측되고 있다. 그 점에서 스웨덴의 연금제도는 앞으로 더 큰 위험에 처할 가능성이 높아진다.

연금제도를 위기에 빠뜨릴 수 있는 두 번째 요인은 경제위기이다. 경제위기로 대량의 해고가 발생하거나 은퇴가 예상보다 조기에 발생하면 연금재정의 수입은 줄고 지출은 증가하게 된다. 연금 관리에 비상이 걸리는 다른 요인이다. 고령화 속도를 예측하는 일은 어렵지만 경제위기는 언제나 주기적으로 발생하고 있다. 스웨덴과 덴마크의 경제 모두가 구조적으로 위기에 취약해지고 있는 것은 더 큰 문제이다. 게다가 두 나라 경제는 매우 개방된 상태이기 때문에 외부 충격에도 민감하지 않을 수 없다. 이러한 경우를 대비하여 연금 지급액을 감액하는 장치를 두고 있지만 이제 형평성의 문제가 발생한다.

셋째, 적립연금은 구조상 고령화로 인한 문제는 없을 것이지만 다음과 같은 문제가 발생한다. 자신이 적립한 연금보험료에 운영에 따른 수익을 보탠 것을 연금급부로 주는 것이라면 굳이 국가가 강제로 징수할 필요가 있는가 하는 것이다. 그리고 현재 매우 어려운 처지에 놓인 사람은 나중에 자신의 형편에 따라 미래를 위하여 저축을 하게 하는 것이 바람직하다는 관점에서 보면 적립연금은 좋은 제도가 아닌 것처럼 보인다.

넷째, 정부가 강제하는 공적연금은 개인의 재산권과 계약 자유의 원칙을 침해하고 있다. 개인은 누구나 자신이 소유한 재산을 자신의 의지대로 처분할 자유를 가진다. 그러나 연금 가입은 강제된 것이기 때문에 자신의 재산을 자신의 의지대로 처분할 수 있는 권리를 침해받게 되는 것이다. 또, 연금 가입자는 연금수급이 시작되기 이전에는 자신이 납부한 연금에 대하여 어떠한 권리도 주장할 수 없을 뿐만 아니라 어떤 경우에는 연금의 상속권도 제한된다. 연금재정의 안정성을 확보하기 위하여 연금가입자의 재산권을 침해하고 있는 것이다. 그리고 연금은 가입 의무만 있을 뿐이고 탈퇴의 자유는 없다. 계약 자유 원칙에 대한 이러한 위배는 그것 자체가 재산권을 근본에서 부정하는 것이다. 왜냐하면 아무리 재산권이 보호받더라도 자유롭게 계약할 수 없다면 그 재산권은 실제적으로는 상당 부분 의미가 없기 때문이다.

다섯째, 연금이 독점이기 때문에 정부는 수시로 연금조건을 변경하는 방법으로 계약을 파기하는 경우를 볼 수 있다. 연금 지급 시기를 65세에서 67세로 연장한 경우를 예로 들 수 있다. 계약 조건을 자신의 임의로 변경하는 것은 민간 보험의 경우에는 불가능하다. 다시 말하면, 계약 파기 결과는 정부 독점 때문이다. 그리고 이렇게 계약을 파기할 때마다 정부는 기금 운용의 실패나 잘못을 연금 계약자들에게 떠넘기게 된다.

여섯째, 정부가 연금을 강제하는 근본적 이유에 대한 것이다. 정부가 연금 가입을 의무화한 암묵적 전제는 개인은 무지하여 자신의 앞날을 잘 대비할 수 없다는 것이다. 이러한 암묵적 전제는 정부가 연금을 강제하지 않으면 많은 사람들이 노후에 어려움에 처하게 되고 그것은 곧바로 정부의 부담으로 이어질 것이라는 것을 의미한다. 따라서 정부는 연금의 가입을 강제하지 않을 수 없다는 것이다.

그러나 개인이 무지하다는 전제는 받아들이기 어렵다. 물론 어떤 개인이 세상의 모든 일에 정통하여 대비를 할 정도의 지식이나 식견을 가진 경우는 드물다. 그렇지만 개인은 자신의 앞날을 위하여 누구보다 현명한 결정을 내리고 미래를 대비할 수 있을 뿐만 아니라 다른 누구보다 자신의 문제에 관심을 가지고 있다. 다시 말하면, 개인은 모든 일에 대하여 무지할 수는 있지만 자신의 일에 관한 한 무지하다는 주장은 성립하기 어렵다. 그러므로 정부가 연금 가입을 의무화한 기본 전제는 전적으로 잘못된 것이고 그 결과 연금 가입의 강제도 이론적 기초가 취약한 것이 명백하다.

일곱째, 국가가 독점하는 연금의 운영이 정치적 속임수(political manipulation)와 무관할 수 없다는 것이다. 정치가들은 국민 다수로부터 지지를 얻고자 하는 강력한 인센티브를 갖게 된다. 공적연금도 이러한 문제와 완전히 떨어져 있을 수 없는 것이다.

마지막으로, 연금은 개인의 저축을 감소하게 만들 것이다. 미래에 대한 걱정이 없는 상태라면 누가 미래를 위한 저축을 할 것인가. 결국 강제성 저축은 자발적 저축을 감소하게 만들 것이다.

8

임대료 통제와 임대 아파트의 부족

스웨덴에서는 '나의 집 만들기', '모두에게 주택을' 같은 정책 목표에서 보듯이 주택정책은 보편주의적 복지정책의 일환으로 실행되어 왔다. 스웨덴 정부는 주택을 마련하거나 환경을 개선하기 위한 몇 가지 지원 정책을 실시하고 있다.

첫째, 40년 혹은 50년 기간의 장기 대출을 국가가 보증하는 제도로서 이때 정부는 이자율을 낮게 또는 무이자로 대출한다. 주택 가격의 50~60퍼센트 또는 70~75퍼센트를 대출 받을 수 있다.

둘째, 저소득층에 대하여 국가와 지방자치단체가 공동으로 주거비를 보조하는 제도가 있다. 여기에는 취학 자녀가 있는 가구, 나이 28세 이하의 젊은이, 연금 생활자 등이 혜택을 받을 수 있다.

셋째, 주택 소유자에 대한 세금 우대 제도가 있다. 소득세 대상에서 주택 대출금의 이자에 해당하는 금액을 공제해 주는 제도이다.

넷째, 정부가 직접 아파트를 건설하여 임대하고 비영리단체 성격의 소비자협동조합도 주택 건설과 임대에 참여하고 있다. 정부는 임대주택에 있어서 저소득자를 포함한 일부 계층에게 우선권을 주기도 한다. 아래의 〈표 7〉은 스웨덴의 2007년 현재 유형별로 본 주택분포 상

〈표 7〉 유형별 주택 분포율 [단위: %]

		정부 건설회사	조합 건설회사	민간 건설회사[2]	합계
단독주택	소유		3	42	45
공동주택	소유/임대[1]		15		55
	임대	22		18	
합계		22	18	60	100

출처: 신필균(2011), 264쪽에서 재인용.
주 1. '소유/임대'란 소유권을 인정하는 임대 아파트를 말함.
2. 건축 당시 민간 건설회사 외에 기타 건설 회사 포함.

태를 보여주고 있다. 스웨덴의 총 주택에서 정부와 조합 건설회사가 소유하거나 임대한 주택이 약 40%, 민간 건설회사가 소유하거나 임대한 주택이 약 60%를 차지하고 있다.[45]

다섯째, 임대주택의 임대료는 건물 소유자와 세입자 조합 간의 협상에 의해 결정된다. 단체 협상은 지역 차원에 먼저 이루어지고 지역 차원의 협상이 결렬될 경우에 중앙 차원의 재협상이 이루어진다. 그렇게 결정된 공공 임대주택의 임대료가 민간 소유 임대주택의 임대료에 영향을 미친다. 그리고 공공 임대주택의 임대료는 시장가격보다 낮게 통제되고 그 결과 주택 시장에 문제를 초래한다. 임대료를 책정하는 일반적인 원칙은 '동급의 아파트에 동일한 집세'라는 법 원칙이다. 이것은 아파트의 가격을 고정하는 효과를 가진다.

여섯째, 1960년대 중반에서부터 10여 년간에는 정부가 주택 100만 호를 직접 건설해서 분양했다. 즉 이 시기에는 다른 어느 때보다 정부의 주택 정책에 대한 지원이 컸다는 것을 의미한다.

45 신필균(2011), 264쪽 참조.

일곱째, 주거권 보호 차원에서 한번 임대한 주택은 건물 파괴 등, 범죄를 저지르지 않는 이상 본인의 동의 없이 거주권을 박탈하지 않고, 가족 구성원이 증가한 경우에 더 큰 집을 임대할 권리를 부여받으며, 임대료 책정에 불만이 있는 경우에 임대위원회 제소, 주택 재판소 소송 등을 청구할 수 있다. 다시 말하면 주거권이란 주택 소유자의 권리를 부분적이지만 제한하여 임대인의 권리를 과다하게 보호한 것이라고 할 수 있다.

여덟째, 지방정부는 시유지를 장기 임대 또는 영구 임대하는 경우도 있다. 이때 임대 가격은 낮게 책정되고 그 결과 주택의 가격과 임대료를 낮게 규제하는 것과 차이가 없다. 이것은 강력한 보조금인 것이다.

아홉째, 주택 환경의 질적 향상을 꾀한다는 명분으로 주차장, 쓰레기 시스템, 녹색 정원 등에 대한 많은 규제가 있다. 이런 규제는 환경의 질을 향상시킬 수 있을지 모르지만 주택의 구입자나 입주자가 부담해야 할 비용을 증가시킨다.

열 번째, 사회문화적으로 '1가구 1주택'이 원칙이다. 그러나 휴가철에 잠시 도시를 떠나 자연을 이용할 수 있는 전원주택은 예외로 한다. 2002년 현재 전체 인구 가운데 전원주택의 보유율은 스웨덴은 약 22%, 덴마크는 14%이다.[46]

이렇게 정부가 주택 시장을 크게 지원한다는 것은 주택의 가격과 임대료를 시장에서 결정되는 주택의 가격과 임대료보다 낮게 규제하는 것이다. 주택 시장은 부분적으로는 사회주의이고 부분적으로는 간섭주의이다. 여기에서는 간섭주의를 이용하여 예상되는 문제를 분석해 보기

---

46 신필균(2011), 272~273쪽 참조.

로 한다. 예상되는 결과는 〈그림 4〉(본 책 116쪽)를 준용할 수 있을 것이다.

첫째, 임대 아파트의 임대료가 낮게 규제된 결과로 임대 아파트, 특히 도심에 가까운 곳에 있는 임대 아파트는 부족하게 된다. 그 경우에 부족한 주택을 배급하게 된다. 실제로 임대 아파트는 신청순번대로 분양되는데 사회적 약자에게는 우선권을 주고 있다. 그리고 도심지에 가까운 임대 아파트는 대기 기간이 짧게는 1년에서부터 길게는 15년이 걸리는 경우도 있다. 당연히 그렇게 기다리는 동안에 대기자들은 자신들이 원하지 않는 곳에서 출퇴근을 하는 비용과 불편을 감당해야 한다. 이것이 규제가 초래하는 비금전적 비용이다.

둘째, 배급제를 시행하면 형평성 문제가 발생한다. 배급제는 필연적으로 배급을 위한 어떤 기준이 있어야 한다. 스웨덴의 경우에 배급의 기준은 사회적 약자로 분류되는 사람, 즉 취학 자녀가 있는 사람, 28세 이하의 젊은이, 연금 생활자 등이다. 28세 이하의 젊은이와 혼자 살면서 28세를 갓 넘긴 젊은이는 실질적인 의미에서 차이가 없다. 그럼에도 불구하고 한 사람은 배급제로 승자가 되고 다른 한 사람은 패자가 되는 것은 바람직하지 못하다.

셋째, 임대료를 낮게 책정하는 것은 아파트 소유자의 권리를 침해할 뿐 아니라 소득재분배를 초래한다. 주거권은 바로 임대 주택 소유자의 권리를 침해하는 조항이기 때문이다. 비록 부분적이지만 말이다. 법률에 규정한 조항이 아니더라도 주택의 소유자는 계약을 변경하거나 해지할 수 있어야 한다.

넷째, 국가가 직접 주택을 공급하는 경우에는 과잉 또는 과소 공급될 가능성이 크다. 스웨덴에서 1960년대 중반에 정부가 시작한 주택 100만 호 건설은 상당한 과잉공급으로 주택가격은 폭락했지만 그 건설 과정에서 주택 건설을 위한 각종 자재와 인건비 등은 크게 상승하여 경제에 작지 않은 충격을 주었을 것으로 짐작된다. 이 부분은 더 많은 연구가 필요하다.

다섯째, 스웨덴에는 주택의 교환제도라는 특이한 현상이 존재한다. 주택 교환제도란 임대 아파트를 포함한 모든 주택을 교환 쌍방이 합의만 하면 서로 교환할 수 있는 제도를 말한다. 물론 거래 쌍방의 주택이 자신이 원하는 위치에 있어야 할 뿐 아니라 가치도 비슷하다고 평가해야 할 것이다. 특징적인 것은 교환은 매매로 간주하지 않기 때문에 양도세나 취득세가 부과되지 않는다는 것이다. 이런 제도가 가능한 것은 주택 가격이나 임대료가 규제됨으로써 주택의 위치 등에 따른 가격의 편차가 그리 크지 않을 뿐 아니라 주택에 대한 세금이 무겁게 부과되기 때문인 것으로 여겨진다. 심층적인 연구가 필요한 부분이다. 우리나라의 경우에 아파트 가격은 동일 아파트라도 분양가와 입주 이후의 가격 간에 편차가 크다. 그러나 스웨덴에서는 협상 과정에서 이러한 편차가 강력하게 억제되고 있는 것이 아닌가 여겨진다.

덴마크에서는 1930년대 이래로 '거주할 권리'(right to housing)가 연금처럼 기초적인 사회적 권리의 하나로서 인식되었다.[47] 그러나 국가가 보편적 복지정책의 일환으로 시행하는 주택 정책을 가진 스웨덴과 달리 덴마크는 1958년과 1966년에 주택 시장을 자유화하는 정책을 점차로 실행했다.

그러나 그 이후 덴마크에서 주택에 대한 국가 지원 제도가 만들어지지 않았던 것은 아니다. 먼저 공적 금융기관들이 주택을 신축하거나 개축하는 경우에 융자 비율 80~90%, 대부기간 20~35년까지 비용을 융

47 Christiansen and Peterson (2001), 192쪽 참조.

자해 주고 있다. 둘째, 저소득자를 중심으로 주택 구입비를 장기간 무이자 대부해주는 지원 제도를 마련하고 있다. 지원 대상은 1986년 개정된 주택구입비 보조법에 의해 정해진다. 셋째, 비영리기관인 주택협회가 임대주택을 공급하는 부분도 무시할 수 없다. 넷째, 앞에서 열거한 지원 제도를 제외하고도 빈민가 퇴치, 도시 재정비, 사회적 약자에 대한 각종 주택 관련 지원제도를 마련해 두고 있다. 요약하면, 비록 덴마크 정부가 각종 주택 지원제도를 마련해 두고 있지만 주택정책에 관한 한 스웨덴과 같은 보편적 복지제도라고 할 수는 없어 보인다.

9

높은 국민부담률과 고급인력의 해외 이주

〈표 8〉은 덴마크의 연도별 조세부담률, 국민부담률, 부문별 재정 수입 등을 보여준다. 〈그림 5〉는 덴마크의 연도별 조세부담률과 국민부담률을 그린 것이다. 덴마크의 국민부담률은 1990년에 GDP 대비 46.5%에서 2009년에 48.1%로 약간 증가했다. 국민부담률이 정점에 도달한 시기는 2005년을 전후한 시점이고 2005년 국민부담률은 GDP의 50.8%이다. 이것은 국민부담률이 최근 소폭이나마 낮아지고 있음을 보여주는 것이다. 국민부담률이 조세부담률과 큰 차이가 없다는 것은 국민의 사회보장기여금이 거의 없다는 것을 의미하고 실제로도 그러하다. 이것은 덴마크의 사회보장제도가 전적으로 세금으로 충당되고 있음을 보여주는 것이다. 그리고 이 점은 사회보장기여금이 어느 정도 존재하는 스웨덴과 다르다. 2009년 현재 조세 수입은 소득세, 이윤세, 자본이득세 등이 전체 세입의 61.1%, 상품세 31.9%로 그 두 가지가 전체 세입의 93%이다. 덴마크의 사회보장기여금, 각종 근로자부담금, 재산세 등은 작은 수준이다. 2009년 현재 덴마크가 스웨덴보다 국민부담률이 약간 높다.

〈표 9〉에서 알 수 있듯이 스웨덴의 GDP 대비 국민부담률은 1990년을 전후하여 정점에 도달했고 1990년에 52.3%이다. 이후 이 수치는

〈표 8〉 데마크의 연도별 조세부담률, 국민부담률, 부문별 재정수입

[단위: %]

구분	1990	1995	2000	2005	2007	2008	2009
근로소득세, 이윤세, 자본이득세	60.1	61.7	60.2	61.3	60	60.4	61.1
사회보장기여금	2.0	2.18	3.6	2.17	2.0	2.0	2.0
각종 근로자부담금	0.6	0.45	0.35	0.36	0.47	0.5	0.5
재산세	4.18	3.47	3.24	3.72	3.79	4.0	3.94
상품세(재화와 서비스)	33	32.1	32.1	32	33.2	32.5	31.9
총 조세수입(10억 DKK)	393.7	500.2	640.6	788.0	831.6	839.1	798.9
국민부담률	46.5	48.8	49.4	50.8	48.9	48.1	48.1
조세부담률	45.6	47.7	47.6	49.7	47.9	47.1	47.1
GDP(10억 US$)	135.8	182.0	160.1	257.7	311.4	341.5	308.9
OECD-Total(국민부담률 기준)	33.1	34.6	35.3	35.0	35.2	34.6	33.8

출처: 1. OECD(2011), Revenue Statistics 2011, OECD Publishing
http://dx.doi.org/10.1787/rev_stats-2011-en-fr
2. GDP 자료 : 통계청/국제기구통계/OECD/국민계정/국내총생산

주: 1. 국민부담률 = 조세부담률 + (사회보장기여금/GDP)X100.
2. 조세부담률 = (사회보장기여금을 제외한 총조세수입/GDP)X100.
3. 근로소득세, 이윤세, 자본이득세(On income, profits and capital gains) 요소는 세 가지로 나눔.
A. 개인의 소득과 이윤에 대한 세금으로, 중앙정부 소득세, 주정부 소득세, 시정부 소득세, 선원의 소득세, 노령연금 기금 기여금, 교회세 등.
B. 자본 이득세는 복권에 대한 세금 등.
C. 기업 이윤에 대한 세금.

〈그림 5〉 덴마크의 연도별 국민부담률과 조세부담률

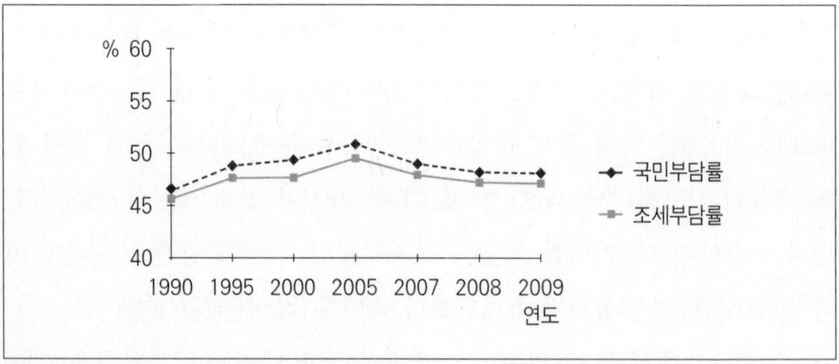

출처: 〈표 8〉의 출처와 주 참조.

주: 각 연간의 사이는 실제와 다를 수 있음.

〈표 9〉 스웨덴의 연도별 조세부담률, 국민부담률, 부문별 재정수입 [단위: %]

구분	1990	1995	2000	2005	2007	2008	2009
근로소득세, 이윤세, 자본이득세	41.6	39.2	40.9	39.2	38.8	36.3	35.4
사회보장기여금	27.2	27.6	26.4	26.8	26.1	24.9	24.5
각종 근로자부담금	2.4	2	4.3	4.6	5.6	8.4	8.5
재산세	3.5	2.7	3.4	2.9	2.4	2.3	2.3
상품세(재화와 서비스)	24.9	28.1	24.6	26.1	26.7	27.8	29.0
기타 세금	0.16	0.16	0.12	0.09	0.1	0.1	0.1
총 조세수입(10억 SEK)	756.0	859.3	1,161.8	1,349.2	1,475.3	1,482.7	1,441.4
국민부담률	52.3	47.5	51.4	48.9	47.4	46.4	46.7
조세부담률	38	34.4	37.9	35.8	35	34.9	35.3
GDP	240.1	253.7	247.3	370.6	462.5	486.2	403.6
OECD-Total(10억 US$)	33.1	34.6	35.3	35	35.2	34.6	33.8

출처 : 1. OECD(2011), Revenue Statistics 2011, OECD Publishing
http://dx.doi.org/10.1787/rev_stats-2011-en-fr
2. GDP 자료 : 통계청/국제기구통계/OECD/국민계정/국내총생산

주: 1. 국민부담률 = 조세부담률 + (사회보장기여금/GDP)X100
2. 조세부담률 = (사회보장기여금을 제외한 총 조세수입/GDP)X100
3. 근로소득세, 이윤세, 자본이득세(On income, profits and capital gains) 요소는 세 가지로 나눔
A. 개인의 소득과 이윤에 대한 세금으로, 쿠폰세금, 해외 예술가에 대한 세금, 국가소득세, 지방소득세, 개인 세금할인, 기타 등.
B. 자본 이득세는 복권 당첨세.
C. 기업에 대한 세금으로, 배당하지 않은 이윤에 대한 세금, 국가소득세, 지방소득세 이윤에 대한 특별세, 연금보험 저축에 대한 세금.
4. 각종 근로자부담금(Taxes on payroll and workforce)은 특별임금세, 아동케어요금, 성인교육부담금, 연구기금마련 부담금, 노동복지부담금, 노동교육부담금, 노동시장부담금, 일반임금부담금 등.

복지제도의 구조조정으로 2009년에 46.7%까지 하락했다. 작지 않은 구조조정이라고 하겠다. 〈그림 6〉은 스웨덴의 연도별 조세부담률과 국민부담률을 그린 것이다. GDP 대비 조세부담률은 1990년에 38%, 2009년에 35.3%이다. 즉 GDP 대비 사회보장기여금은 1990년에 14.3%, 2009년에 11.4%이다. 2009년 사회보장기여금을 포함한 총 세입에서 근로소

〈그림 6〉 스웨덴의 연도별 국민부담률과 조세부담률

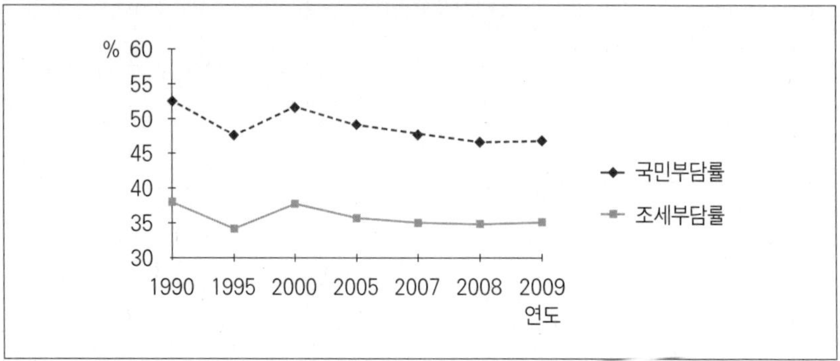

출처: 〈표 9〉의 출처와 주 참조.
주: 각 연간의 사이는 실제와 다를 수 있음.

득세, 이윤세, 자본이득세 등이 35.4%, 상품세 29%, 사회보장기여금이 24.5%, 각종 근로자부담금이 8.5%를 점하고 있다. 1990년과 비교할 때 근로소득세, 이윤세, 자본이득세 등과 사회보장기여금은 비중이 낮아져 왔고 상품세, 각종 근로자부담금은 비중이 크게 높아져 왔다. 이것은 각자가 받은 서비스에 대한 수익자 부담 원칙을 강화하고 있을 뿐 아니라 2005년에는 상속세, 2007년에는 부유세(둘 모두 재산세의 일종) 등을 폐지한 것이 반영되었기 때문이다.

스웨덴의 조세체계의 특징을 간략히 보기로 한다. 기본적으로 스웨덴의 조세는 정률부담이 원칙이다. 즉 일부 예외를 제외하면 조세는 누진되거나 중과되지 않고 모든 납세자가 일정 비율을 납부하는 방식이다. 정률부담은 지방소득세, 사회보장기여금, 상품세 등이다.

모든 국민은 란드스팅(21개)과 코뮌(290개)이라는 지방자치단체에 지방소득세를 납부한다. 지방소득세율은 가장 낮은 28.89%에서 가장 높은 34.17%로 상당한 차이가 있다. 지방소득세는 각 지방자치단체가 결정하기 때문이다. 2009년 현재 평균세율은 란드스팅세가 10.8%, 코뮌세가 20.7%이다. 지방소득세는 아주 소수의 저소득층을 제외하고는 동일한 세율을 모든 주민이 부담한다. 과세대상은 급여소득, 연금을 포함한 각종 수당 등이고 약간의 비과세가 있을 뿐이다.

사회보장기여금은 급여소득을 기준으로 가계가 7%(연금보험료), 기업이 31.4%(자영업자는 연금보험료 7%와 사회보험료 28.97%를 합한 35.97%임)를 부담한다. 이것은 연금, 실업보조금[실업수당], 질병보조금[질병수당], 육아휴직보조금[육아휴직수당] 등으로 사용된다. 가계가 부담하는 7%는 연금 보험료로서 세액을 공제받기 때문에 가계의 부담은 사실상 영(零)이다. 기업이 부담하는 사회보험료는 고용의 형태와 상관없이 모두 납부해야 한다. 이것은 기업이 부담하는 사회보험료가 상당히 무겁다는 의미이다.

상품세도 25%로 국세로서 정률이다. 덴마크도 같은 25%이다. 세계적으로 유례가 없이 높은 것이다. 스웨덴에서는 식료품에는 12%, 인쇄출판물 등에는 6%, 의료 · 교육 등에는 비과세하고 있다. 아마도 상품세의 역진적 성격을 완화하기 위한 조치로 보인다. 상품세가 역진성이 있는지, 만약 역진성이 있다면 얼마나 있는지 등의 문제는 심도 있는 연구가 필요하다. 그러나 상품세의 역진성에도 불구하고 전체적으로 세금 부담은 엄청나게 누진적이다.

소득세는 국세소득세와 지방소득세가 있다. 국세소득세는 지방소득세와 달리 급여소득, 연금, 사회보험급부 등을 합친 금액이 일정수준을 넘어가면 세율 20%, 25%로 누진되는 소득세이다. 전체 소득이 일정수준 이하이면 국세소득세 대상이 되지 않는다. 이것은 지방소득세 평균 31.4%와 합하면 최고세율은 56.4%가 된다. 그러나 국세소득세는 세수 전체에서 차지하는 비율이 3%에 지나지 않는다. 법인세는 2009년에 개정하여 30%에서 26.3%로서 낮추어졌고 물론 정률이다. 이자, 배당, 자본소득에 대해서는 30%의 소득세가 부과된다. 법인세와 사회보험료의 과도한 부담을 줄이기 위하여 기업의 부담을 줄여주는 각종 공제제도를 마련하고 있다.

두 나라의 세입 구조가 의미하는 바는 다음과 같다. 첫째, 덴마크와 스웨덴은 보편주의적 복지제도를 실행하는 복지국가 체계를 유지하기 위하여 국민은 어떤 나라보다 높은 세금을 부담하고 있다. 물론 두 나라 국민은 많은 복지 혜택을 받고 있는 것도 사실이다. 뒤에서 자세히 보겠지만 과다한 세금은 납세자의 자유로운 선택의 여지를 줄이고 권리를 침해한다.

둘째, 양성생계부양자모델을 특징으로 하는 덴마크와 스웨덴식 복지국가는 대부분의 노동자가 세금을 낸다는 것이다. 표에서는 구체적으로 나타나 있지 않지만 덴마크는 2009년에 전체 세입의 약 61.1%를 차지하는 근로소득세, 이윤세, 자본이득세 중의 일부가 노동자가 낸 세금이라는 것이다. 스웨덴은 이 세입의 비중이 상대적으로 낮지만 노동자를 포함하는 개인이 사회보장에 기여하는 액수를 나타내는 사회보장기여금이 2009년에 24.5%에 이른다. 이 점은 덴마크와 다른 점이라고 하겠다.

셋째, 상품세 같은 역진적인 성격의 조세의 비중이 높은 것이 두 나라 세입의 다른 특징이다. 상품세 같은 정률세의 역진적인 성격을 완화하기 위하여 예외적인 재화를 두고 있지만 상품세의 역진적인 성격을 무시할 수는 없는 것으로 보인다.

넷째, 두 나라 모두 최근 국민부담률을 낮추고 있음을 알 수 있지만 스웨덴이 국민부담률을 낮추는 일을 덴마크보다 일찍 시작했고 더 크게 낮추었음을 알 수 있다. 이런 변화 자체가 복지국가 체제가 장기적으로 지속가능하지 않음을 보여주는 간접적인 증거라고 하겠다. 물론 아직도 국민부담률이 50% 내외인 상황에서 보편적 복지국가 체제 자체를 포기했다고 볼 수는 없을 것이다.

다섯째, 스웨덴에서는 자본의 이동성이나 투자 등의 촉진 같은 경제적 목적을 위하여 재산과 관련한 세제를 폐지하는 추세이다. 이것을 이원소득세체계(dual income tax system)라고 부른다. 이 점은 그 자체로는 좋은 것이지만 다른 곳에서 세금을 추가 부담해야 한다면 국민 전체 입장에서는 의미가 없다.

여섯째, 전체를 조망하면 많은 세금과 사회 부담금을 내고 많은 복지 혜택을 받는 것이기 때문에 문제가 없는 것처럼 보인다. 그러나 개인 차원에서 보면 상황은 달라진다. 많은 세금과 사회 부담금을 내고 적은 복지 혜택을 받는 사람도 있고 반대로 세금과 사회 부담금은 적게 내고 복지 혜택은 많이 받는 경우도 있을 수 있다. 아무리 복지 혜택이 자신의 소득과 연계되어있다 하더라도 실제로 그런 일은 일어날 수 있다. 즉 형평성이 문제가 된다는 것이다.

일곱째, 평균적인 관점에서는, 복지 혜택의 크기는 소득 계층별로 큰 차이가 없지만-정확하게는 저소득 계층이 복지 혜택을 다소 많이 받음-세금의 부담은 고소득 계층이 저소득 계층에 비해 매우 큰 편이다. 즉 세금의 부담이라는 점에서 매우 누진적이라는 것이다. 비복지국가 체제를 가진 다른 나라와 비교하는 것은 매우 의미가 있는 일이라고 여겨진다. 부자에 대한 세금이 매우 높다는 것은 저축이라는 관점에서 좋은 것이 아니다. 소득이 높은 계층이 낮은 계층보다 저축률이 높기 때문이다. 그리고 저축은 경제성장에 필수적이라는 관점에서 부자에게 매우 누진적인 세금제도는 경제성장에 좋은 것이 아님을 알 수 있다. 이 점은 다시 아래에서 자세히 서술하고자 한다.

여덟째, 평균세율이 높지만 한계세율, 특히 젊은이의 한계세율도 매우 높은데, 이 점은 임대주택의 임대료와 맞물려 다수 젊은이를 동거하게 만들고, 이혼 증가 등으로 이어진다. 스웨덴에서는 고등학교를 졸업하면 대체로 독립을 하는데 혼자서는 임대료를 지불할 능력이 충분하지 않기 때문에 동거를 하는 경우가 종종 있다. 이런 상황은 이혼, 인공유산율 등으로 쉽게 이어질 수 있다. 실제로 스웨덴에서 이혼율, 인공유산 등이 매우 높다. 그런데 국가가 각종 보조금, 의료제도 등을 지원하기 때문에 개방적인 성문화와 개인주의 등과 맞물려 이혼, 인공유산 등을 크게 문제 삼지 않는다. 이러한 문화적 현상도 다른 원인들과 함께 조세제도와 보편적 복지제도가 초래한 결과이다.

아홉째, 탈세 현상도 일부 목격되고 있다. 예를 들어 가사 도우미에 대한 수요가 발생하고 있지만 인건비가 너무 비싸고 사용자가 부담해야 할 사회복비지도 적지 않기 때문에 가사 도우미 서비스가 암시장에서 거래되고 있다. 이런 거래는 그 특성상 정상적인 거래보다 규모를 파악하기가 더 어렵지만 그런 거래가 있는 것은 사실이다.

마지막으로, 소득세의 한계세율은 스웨덴과 덴마크 모두 60%대

〈표 10〉 스웨덴의 연도별 주요 부문별 재정지출 [단위: %]

구분	1997	2001	2005	2007	2009
사회보장비 (Social security system)	42	44	43	42	42.1
건강비(Health)	11	12	13	14	14
교육비(Education)	10	13	14	14	14.4
정부공공서비스비 (General public services)	11	15	12	12	11.5
합계	74	84	82	82	82

출처: 〈표 9〉의 출처 참조

로 매우 높다. 그 결과 두 나라에서 고급인력이 국외로 이주하는 현상이 목격되고 있다. 특히 덴마크에서는 해외 이주가 사회문제가 될 정도이다. 스웨덴에서는 '아바'그룹이 높은 소득세 때문에 해외로 본거지를 옮김으로써 여론의 주목을 받은 적이 있다. 이러한 사실은 앞에서 서술한 탈세와 더불어 조세 저항이 만만치 않음을 보여주는 증거이다.

〈표 10〉은 스웨덴의 연도별 주요 부문별 재정지출을 보여주고 있다. 스웨덴의 2009년 세출의 부문별 지출을 보면 연간 세출에서 사회보장비 42.1%, 건강비 14%, 교육비 14.4%, 정부공공서비스비 11.5% 등으로서, 네 가지 항목이 전체 지출의 82%임을 알 수 있다. 1997년과 비교하면 교육비가 4.4%포인트, 건강비가 3%포인트 증가했음도 알 수 있다. 사회보장비, 건강비, 교육비 등이 지출의 대종을 이루고 있음을 알 수 있다.

10

강제 불임과 국가의 폭압성[48]

세금은 그 자체가 개인의 자유와 권리를 제약하는 것이다. 세금은 개인의 선택을 제한함으로써 개인의 자유를 제약한다. 정부가 시민의 자유, 생명, 재산 등을 보호하는 범위를 넘어서는 세금은 재산에 대한 권리를 침해한다. 높은 세금은 그만큼 개인의 자유와 권리를 제약하는 정도가 크다. 복지국가에서 세금의 일부는 의료, 교육, 연금 등의 형태로 돌려받을 수 있지만 그런 사실이 세금이 국민의 선택의 자유와 권리를 제한한다는 점을 부정할 수는 없다. 세금이 시점 간 자원 배분의 자유도 제약하기 때문이다. 자신이 낸 세금만큼 복지 혜택으로 돌려받을 수 없다면 더더욱 그렇다.

덴마크와 스웨덴은 복지제도를 추구하는 과정에서 국가가 개인의 자유를 극도로 억압한 경험이 있다. 우생학에 의거하여 강제로 불임과 거세 수술을 실시한 것이다. 덴마크는 1929년에 유럽에서는 처음으로

48 북부 유럽 국가들은 20세기 초에 강력한 절주 운동과 함께 알코올 소비를 통제했다. 이 점에 대해서는 Sutton (1998), 힐슨(2010), 140쪽 참조. 이 점도 국가의 폭압성을 보여주는 사례이지만 여기에서는 생략한다.

〈표 11〉 스웨덴에서의 시기별 불임과 거세 시술 건수 [단위: 건]

연도	불임과 거세 시술 건수
1935~1939	1,916
1940~1949	15,835
1950~1959	19,506
1960~1969	16,344
1970~1975	9,287
계	62,888

자료: Broberg and Tyden (1996), 109~110쪽, 〈표 1〉에서 재인용.

우생학적 불임과 거세와 관련한 법률을 통과시켰다.[49] 여기에서 불임과 거세의 대상자는 정신장애 또는 정신병을 앓고 있는 사람들이다. 1920년대와 1930년대 덴마크 정치권이 다수의 개혁 법률을 통과시켰을 때 이 법률이 통과되었다. 그리고 1920년대와 1930년대는 덴마크가 복지국가 체제를 시작했던 시기였다. 이 시기에 우생학적 불임은 복지국가 체제의 필수적인 요소였다.[50] 이 법률은 1934년에 우생학에 근거를 둔 '비자발적' 불임과 거세를 허용했다. 불임이나 거세는 당사자들이 아이들을 양육할 수 없다고 판단되거나 당사자들을 격리나 수용시키지 않게 될 때에 시행했다.

덴마크를 포함한 다른 북부 유럽 국가들이 이런 법을 제정할 때 스웨덴에서도 같은 시기에 이와 유사한 법을 제정했다.[51] 이 법에 의해 1935년부터 1975년까지 약 63,000여 건에 이르는 불임과 거세 시술이

49 덴마크의 불임 시술 관련 사례는 Nils (1996), 9~76쪽 참조.

50 Nils (1996), 260쪽 참조.

51 스웨덴의 불임 시술 관련 사례는 Broberg and Tyden (1996), 77~151쪽 참조.

시행되었다.[52] 〈표 11〉은 시기별 불임과 거세 시술 건수를 보여주고 있다. 불임 수술한 사람의 수는 인구 10,000명당 1940년에 0.1명, 1950년에 3.3명, 1960년에 2.2명이었다. 물론 통계는 얼마가 비자발적 불임 수술이 실행된 것인가를 보여주지 않는다. 그러나 분명한 것은 비자발적 불임 또는 거세 수술이 있었다는 사실이다. 불임 시술은 종종 낙태와 같이 실행되었다. 그리고 이 법은 여성과 집시 그리고 떠돌이 등 사회규범에 도전하는 사람들에게 가장 큰 영향력을 미쳤다.[53] 이 점은 불임과 거세 정책이 가장 빈곤하고 사회의 주변으로 내몰린 사람들에게 영향력을 행사했다는 것을 의미한다.

힐슨(2010)은 불임 시술 같은 사회정책의 목적에 대해 다음과 같이 지적한다. "우생학적 불임시술 이면에 있는 것으로 생각되는 목적은 경제적 효율성과 생산능력이지 인종이 아니었다. 즉, 낮은 출산율을 극복하고자 한다면 건강하고 효율적이고 생산적인 인구를 창출해 내는 것이 중요해지는 것이다."[54] 이 점은 불임 같은 사회정책의 근저에는 사회공학이 놓여 있음을 의미한다. 사회공학의 위험성에 대해서는 다음 장에서 다루고자 한다. 그리고 우생학적 불임을 허용하는 법률이 제정되고 시행될 때는 그런 법률이 인간의 자유와 권리를 얼마나 제약하는가 하는 문제는 거의 다루어지지 않았다.[55] 모든 불임과 거세가 비자발적으로 시술되었다하더라도 총 건수는 적다고 주장할 수도 있다. 문제는 여하한 비자발적 불임 시술도 민주주의를 가장한 국가 폭력의 결과라는 것이다.

물론 이 법은 1967년에 개정되었다. 가장 중요한 개정은 강제적인

52 불임 시술 통계자료는 Broberg and Tyden (1996), 108~110 참조.

53 힐슨(2010), 143쪽 참조.

54 힐슨(2010), 143쪽 인용.

55 Nils (1996), 44, 52, 262쪽 참조. 이 문제는 1990년대가 되어서야 토론되었다고 한다.

불임과 거세를 폐지한 것이다. 그때까지 간접적인 방법에 의한 비자발적 불임의 가능성이 완전히 제거되지는 않았다. 무엇보다 중요한 변화는 정신장애 또는 정신병에 대한 태도가 바뀐 것이었다. 드디어 두 나라에서 1974년에 불임 시술 또는 낙태가 자유롭게 허용되었다. 그것은 국가에 의한 개인의 자유와 권리에 대한 극심한 간섭과 억제가 최종적으로 폐지되었다는 것을 의미한다.

아이를 양육하는 문제는 개인의 기초적인 권리이자 자유이다. 바로 그 이유로 아이를 양육하는 문제는 개인의 가장 중요한 권리이자 자유이기도 하다. 덴마크와 스웨덴 복지국가 체제는 그런 중요한 권리와 자유도 침해할 수 있음을 보여준다. 그것도 국가 또는 사회가 보호해야 할 약자에 대한 권리와 자유를 침해하고 제약한 것이다. 문제는 복지국가를 향하는 발걸음이 덴마크와 스웨덴 같은 위험한 경로를 따라가지 말라는 법이 없다는 것이다.

제5장

복지국가 체제에 대한 평가

1

철학과 이념

(1) 사회공학과 이성에 대한 신뢰

다른 어떤 나라도 덴마크나 스웨덴처럼 인간 생활의 많은 영역에서 국가가 개입한 경우는 없다. 적어도 최근에 민주주의 체제를 채택한 나라들과 비교하여 그렇다는 것이다. 덴마크와 스웨덴의 사회주의자들은 복지국가를 향한 야심찬 전망과 좋은 사회를 만들 수 있다는 확고한 신념을 가진 것으로 보인다. 그들의 그런 신념은 사회공학에 대한 깊은 믿음에 근거하고 있다.

복지국가 체제가 근거하고 있는 사회공학이라는 사상은 무엇인가? 사회공학이라는 사상은 위험한 것이다. 사회공학은 구성주의적 합리주의의 다른 표현이다. 그러면 구성주의적 합리주의는 무엇인가? 민경국(2007)은 구성주의적 합리주의를 다음과 같이 설명한다. "자기의 환경을 통제하고 다룰 수 있는 인간의 능력에 대한 기계적이고 낙관적인 태도, 사회제도를 임의로 디자인할 수 있는 능력에 대한 낙관적 태도, 이런 태도가 구성주의적 합리주의이다."[1]

1 민경국(2007), 33쪽 인용.

사회공학이란 인간이 이성의 힘으로 마치 공학자처럼 인간 사회를 설계하고 계획한 대로 만들 수 있다는 믿음 또는 철학을 말한다. 사회공학에서 인간의 이성은 전지할 뿐 아니라 전능하다. 그 점에서 사회공학은 계획경제 사상과 크게 다를 바가 없다. 그러나 현실에서 인간은 전지하지도 않을 뿐 아니라 전능한 것은 더더욱 아니다. 그런 인간은 이미 인간 세계에 살고 있다고 할 수 없다.

계획경제 또는 사회주의 경제가 실현가능하지 않음은 널리 받아들여졌다. 공산 체제 하의 소련 연방과 동유럽 국가들의 붕괴가 그 점을 입증한 것이다. 그러나 사람들은 사회주의 경제가 경제계산의 문제로 장기적으로 존속 가능하지 않다는 점은 모르고 있다. 심지어 경제 전문가들마저도 대부분 그렇다. 그리고 경제위기가 발발할 때마다 경제위기의 대책으로 사회주의, 간섭주의 등이 다른 이름을 달고 등장한다.

앞에서 사회공학과 계획경제는 크게 다를 바가 없다고 주장했다. 문제는 복지국가 체제의 근저에 사회공학이 있음을 잘 알지 못한다는 점이다. 계획경제가 불가능하듯이 사회공학도 물론 불가능하다. 만약 그것이 가능하다고 하는 것은 '지적 오만'일 뿐이다. 복지국가 체제는 그런 사회공학이라는 잘못된 철학에 근거하고 있다. 그렇기 때문에 우생학에 근거한 불임시술을 국가가 강제하는 극도로 위험하고 폭압적인 일도 발생하는 것이다.

(2) 제3의 길

덴마크와 스웨덴은 1920년대 러시아 공산주의 혁명, 독일의 나치즘(Nazism) 등의 영향을 차단하기 위하여 복지국가를 지향하게 되었다고 일부 연구자는 주장하고 있다. 복지국가가 공산주의, 사회주의 등을 피할 수 있는 소위 제3의 길이라는 것이다. 경제이론의 관점에서 과연 제3의 길은 가능한가?

제3의 길이 가능할 수 없음을 비유로써 설명하고자 한다. 국가를 버스에 비유하자. 버스에는 출입문이 두 개 있다. 버스의 앞 쪽에 있는 문으로 승차하는 사람은 버스 요금을 내고 타야 한다. 버스의 뒤쪽에 있는 문으로 승차하는 사람은 버스 요금을 내지 않고 탈 수 있다. 버스 앞쪽의 문이 제1의 길이고 버스 뒤쪽의 문이 제2의 길이다. 이제 버스 전체는 제3의 길이다.

이 버스가 제대로 운영될 수 있을까? 만약 그렇다면 제3의 길은 가능하다. 소수이지만 버스의 앞쪽 문으로 승차하는 사람이 있을 것이다. 그러나 사람들은 대부분 버스의 뒤쪽 문으로 승차할 것이다. 그 경우에 버스 운전사의 임금, 기름 값, 버스 유지비와 감가상각비 등은 누가 지불할 것인가? 버스는 조만간 운행을 중지하지 않을 수 없을 것이다. 즉 제3의 길이 가능하지 않다는 것이다.

국가는 버스가 아니다. 버스가 아니기 때문에 좀 더 고민해야 할 요소가 있다. 버스를 타는 것에 비유하면 사람들은 버스 뒤쪽 문이 있다는 사실을 모르는 사람도 상당수 있고 모르는 기간이 다소 길어질 수도 있다. 국가는 뒤쪽 문으로 타는 사람의 자격을 엄격히 제한하고 감독할 수도 있다. 현실의 복지제도도 그렇다. 버스의 뒤쪽 문으로 타는 사람이 많아질수록 버스의 운영은 어려워진다. 버스 타는 사람을 감독하고 감시하는 사람이 많아지는 경우에도 버스의 운영은 힘들어진다. 감시와 감독에 비용을 지불해야 하기 때문이다.

어떤 가정을 하고 예측을 해 볼 수 있다. 국가의 규모가 작을수록, 뒤 쪽 문을 통과하기가 까다로울수록, 감독과 감시에 적은 비용이 들수록 국가라는 버스의 운영은 오래 지탱될 수 있다. 그러나 뒤쪽 문을 통과하는 일이 정말로 어렵다면 그것은 이미 제2의 길이 없는 것이고 버스는 사실상 제3의 길이 아니다. 국가의 규모가 작다는 전제 하에 뒤쪽 문을 통과하는 조건을 쉽게 하고-예를 들어 보편주의-감시와 감독비용을 적게 지불한다면 버스 운영은 곧 중단될 것이다. 만약 버스 뒤쪽 문을 통과하는 조건을 쉽게 하고 감시와 감독비용을 많이 늘리는 경우에도 버스의 운영은 그렇게 오래가지 않을 가능성이 높다. 감시와 감독에 비용을 많이 쓰면 사실상 버스 운영 경비는 쉽게 고갈될 것이기 때문이다. 가장 우려해야 할 점은 시간이 흐를수록 뒤쪽 문을 통과하는 조건을 쉽게 만들어달라고 요구하는 사람이 증가할 수 있다는 것이다. 그리고 뒤쪽 문의 속성상 거의 언제나 그렇게 된다. "공짜라면 양잿물도 마신다."라고 하지 않는가.

덴마크와 스웨덴은 어느 경우에 해당하는가? 덴마크가 스웨덴보다 인구 규모가 작다. 복지의 정도는 계량화가 어렵다. 감시와 감독비용의 정도도 비교하기가 쉽지 않다. 그러므로 단언하기 어렵다. 그러나 분명한 것은 버스의 운영 기간이 얼마나 오래갈 것인가 하는 문제이지 제3의 길이 가능하다는 것은 아니다.

현실에서는 앞에서 지적했듯이 자본주의, 사회주의, 간섭주의가 혼재되어 있다. 장기적으로는 앞의 버스 비유에서 보듯이 사회주의, 간섭주의 등이 지배하게 된다. 그리고 그 끝은 미제스가 지적했듯이 국가와 문명의 파멸이 될 것이다. 그러므로 우리는 수시로 제1의 길로 가고 있는 것인지 또는 제2의 길로 가고 있는지를 묻고 우리가 가고 있는 방향을 잘 가늠해 보아야 한다.

덴마크와 스웨덴은 1990년대에 경제위기를 맞으면서 각 부문에서 자본주의 원리를 일부 도입했다. 물론 그 정도는 모두 다르지만 말이다. 스웨덴의 연금 개혁이 대표적인 사례이다. 소비자의 선택권을 확장하고 기초연금을 최저보장연금으로 전환했다. 연금 개혁 이전에 기초연금은 모든 고령자가 연금을 받을 수 있었지만 최저보장연금은 국가가 미리 일정한 금액을 결정하고 그 수준에 미치지 않는 경우에만 부족한 금액만 지원하는 연금제도이다. 이렇게 함으로써 적어도 연금제도를 보편주의에서 '잔여적인' 형태로 전환했다. 즉 연금제도에서 보편주의를 포기한 것이다. 우리가 이러한 변화를 제3의 길이 불가능한 것을 증명하는 증거로 제시하기에는 아직 이르지만 적어도 제3의 길이 점점 어려워지고 있는 증거로 볼 수는 있다.

덴마크와 스웨덴은 교육과 의료 등에도 소비자의 선택권을 존중하는 방향으로 개혁을 단행해 왔다. 물론 민간 자율의 학교나 병원은 아직 비중이 크지 않다. 그 점에서 이런 현상이 두 나라가 보편주의를 포기한 증거로는 물론 충분하지 않다. 그러나 이 점이 보편주의를 유지하는 일이 점점 어려워지고 있다는 증거로 볼 수는 있는 것처럼 보인다.

(3) 평등주의와 보편주의의 결합

덴마크와 스웨덴의 복지국가 체제가 지향하는 가치는 평등이다. 평등도 자유 못지않게 중요한 가치다. 예를 들어보자. 상속(이하 증여 포함)을 하는 경우에 상속인은 피상속인들을 평등하게 대하고자 노력하는 경우를 목격한다. 부모가 능력이 모자라는 자식에게 더 많은 재산을 물려주고 상대적으로 능력이 뛰어난 자식에게는 적은 재산을 물려주는 경우이다. 이러한 일은 가족 수준, 작은 교회 같은 단체 수준 등에서 자주 일어난다. 가족이나 작은 집단처럼 단체의 규모가 작은 경우에 이러한 평등주의는 문제를 일으키지 않는다.

평등주의가 보편주의와 결합하면 어떤 일이 발생하는가? 그런 결합은 결국 평등이라는 가치를 한 국가 전체에 적용한다는 것을 의미한다. 그러나 평등이라는 가치가 규모가 큰 단체나 국가 수준에 적용되면 문제가 발생한다. 평등이라는 가치를 보편적으로 실현하기 위해서는 필연적으로 생산수단의 사유화를 부정하는 것, 즉 사회주의를 하지 않을 수 없다. 예를 들어 덴마크와 스웨덴에서 교육 · 의료 · 보육 등은 완전한 사회주의이고, 주택은 덴마크에 비해 스웨덴에서 사회주의가 심하지만 스웨덴에서도 교육 등에 비하면 사회주의가 덜 심한 편이다.

두 나라의 사회민주당은 복지국가 체제를 만드는 과정에서 산업사회에서 가장 중요한 생산수단인 기업이나 공장에서 사용되는 기계와 장비, 설비, 건물, 토지 등을 국유화하지는 않았다. 생산수단의 사유화를 인정한 것이다. 물론 학교, 병원 등은 국유화했다. 사유화를 인정하는 대신에 기업과 생산요소들의 생산 행위를 통제하고 규제하는 행위, 즉 간섭주의를 실행하고 있다. 그것도 아주 심한 간섭주의를 말이다. 먼저 많은 세금을 징수한다는 것이 극심한 간섭주의를 증명하는 것이다. 임금도 간섭주의에 의해 결정됨을 앞에서 자세히 보았다. 특히 동일노동 동일임금 정책은 극단적인 평등주의를 규제와 간섭으로 구현한 것이다. 복지라는 이름으로 지출되는 각종 보조금, 지원금, 할인 등도 모두 규제의 일종으로 간섭주의의 한 형태이다.

사회주의는 매우 작은 규모의 단체, 예를 들어 가족, 작은 규모의 종교단체 등에는 큰 문제 없이 작동한다. 우리는 여기까지 사회주의를 부정할 수는 없다. 그러나 그 이상의 규모에서는 사회주의는 잘 작동하지 않고 궁극적으로는 사회주의는 멸망한다. 간섭주의의 운명은 그 정도와 그 기간에 따라 달라진다. 만약 간섭주의를 많은 부문에서 오래도록 실행하면 간섭주의도 국가와 문명의 멸망을 초래한다.

2

자유와 권리의 침해

이사야 벌린(Isaiah Berlin)[2]에 의하면 자유는 두 가지 종류가 있다. '소극적 자유'와 '적극적 자유'가 그것이다. 소극적 자유는 상태적 · 영역적 · 잠재적 자유이고, 사회와 타인이 개인에게 허여(許與)하는 자유이다. 금지되지 않은 것은 무엇이나 해도 좋다. 억제(restraints)나 강제(coercion)가 적용되지 않는 영역이 존재하면 바로 그 영역이 소극적 자유다. 자신의 돈으로 대학에 들어가는 것은 소극적 자유에 속한다. 그러나 사람을 때리는 것은 금지된다. 금지된 것은 할 수 없다. 금지된 것을 하면 벌칙이 따른다.

적극적 자유는 복지국가주의자, 사회공학자 등이 자신들의 이념을 정당화하기 위하여 만들어낸 개념이다. 그 이전까지 '소극적 자유'만이 진정한 자유로 인정되었다. 20세기에 들어와 복지국가주의자, 사회공학자 등은 자신들이 원하는 사회를 건설하기 위하여 적극적 자유라는 개념을 창안했다. 교육권은 그들이 주장하는 적극적 자유의 대표적인 예이다. 그들은 인간다운 삶을 살기 위하여 누구나 일정한 수준의 교육을 받

2 Berlin (1969) 참조.

을 권리가 있다고 주장한다. 이어서 그들은 국가가 국민이나 시민의 그러한 권리를 보장해주어야 한다고 목소리를 높인다. 시민들은 소극적 자유를 넘어 자신의 삶을 위하여 적극적으로 자유를 향유할 수 있는 권리를 가지고 있고 국가 또는 정부는 그러한 권리를 보호해주는 역할을 해야 한다는 것이다. 이렇게 해서 서양에서 정부는 점점 비대해지기 시작했을 뿐만 아니라 자유의 의미가 혼란스럽게 되었다.

그러나 국가가 적극적 자유를 국민에게 보장해주기 위해서는 반드시 세금을 징수해야 하고 세금은 국민의 재산권을 침해하게 된다. 어떤 국민의 재산권을 침해 없이 다른 국민의 적극적 자유를 보장할 방법은 없다. 한 국민의 적극적 자유가 늘어날수록 다른 국민의 재산권에 대한 침해는 증가하기 마련이다. 소극적 자유에서는 그런 일은 발생하지 않는다. 자신의 자유를 위하여 타인의 재산권을 침해할 이유가 없다. 자유는 권리에 기초하고 그 권리가 다시 자신의 정당한 재산과 노력에 바탕을 둘 때만이 정당한 것이다. 그리고 그러한 자유만이 보호되어야 한다. 한 사람의 권리를 침해해야지만 다른 사람의 권리나 자유를 보장하거나 보존할 수 있다면 그것은 본질적으로 정당한 권리나 자유가 아니다. 즉 적극적 자유는 본질적인 의미에서 자유가 아니다. 그것은 타인의 재산권 침해, 이상도 이하도 아니다.

국민의 생명, 재산, 권리 등을 보호하기 위하여 폭력과 강제의 사용은 정당화된다. 그러나 복지국가주의자의 주장에 따라 다른 사람의 적극적 자유를 보호하거나 권리를 위하여 폭력이나 강제를 사용하는 것은 정당화될 수 없다. 적극적 자유를 확보하기 위해서는 다른 사람의 자유와 권리를 침해하기 때문이다. 복지제도는 본질적으로 사람들의 자유와 권리를 침해한다. 복지제도가 사람들의 자유와 권리를 침해한다는 사실은 "선별적 복지제도냐, 보편적 복지제도냐"하는 복지제도의 구분과 관련이 없다.

경제행위에서 자유란 선택할 자유를 말한다. 선택할 자유란 소비자가 원하는 재화나 서비스를 구입할 수 있는 자유가 있다면 그에게는 선택할 자유가 있다는 것이다. 공급자도 어떤 재화를 생산할 것인가를 자유롭게 선택하고 결정할 수 있다. 그런 일이 제도적으로 또는 실질적으로 금지되어 있다면 그런 자유는 없는 것이다. 소비자가 자신이 다닐 학교를 선택할 수 없다면 선택할 자유는 없는 것이다. 복지제도라는 이름으로 학교를 강제 배정한다면 선택할 자유가 없는 것이다. 사립 초등학교를 설립하기 위하여 교육 당국의 허가를 받아야만 한다면 선택할 자유는 없다.

모든 권리는 개인적 권리이다. 권리는 자산에 기초할 때 권리가 가장 잘 보호되고 보존된다. 학생이 학교에서 공부할 자유와 권리를 누리고자 한다면 자신의 재산으로 학교 운영비를 부담해야 한다. 사회적 권리란 그런 자산에 기초하지 않는 권리이다. 즉 사람들이 학교에서 교육 받을 사회적 권리가 있다고 말할 때 그 사회적 권리를 행사할 수 있는 자산이 없다. 그런 의미에서 사회적 권리란 진정한 의미에서 권리가 아니다. 그러므로 복지주의자들이 사회적 권리를 주장할 때 이미 그들은 권리의 기초가 없는 권리를 주장하고 있다. 바로 그 이유로 그들의 주장은 허구임을 넘어서서 그런 권리를 확보하기 위해 필연적으로 타인의 권리와 자유를 침해하는 것을 전제하고 있다.

보편적 복지제도를 위주로 하는 복지국가 체제에서 그런 권리 침해는 광범위하게 일어난다. 왜냐하면 복지제도가 다양하고 깊게 만들어져 있기 때문이다. 이 점이 보편적 복지제도를 잔여적 복지제도와 구분케 하는 것이다.

3

정치와 군사

(1) 정부의 '참' 모습

덴마크 정부와 스웨덴 정부는 매우 투명하고 관료들은 매우 청렴한 것처럼 보인다. 물론 이것은 두 나라에서 공무원의 부정과 부패가 전혀 일어나지 않는다는 것을 의미하지는 않는다. 그러나 부정과 부패 사건은 자주 발생하지 않을 뿐 아니라 비록 그 경우에도 주고받는 뇌물의 규모는 크지 않을 것으로 여겨진다. 그 점은 두 나라 정부의 투명성과 청렴성이 세계적으로 높은 순위에 있는 사실이 증명하고 있다. 공공부문 종사자가 다른 나라에 비해 월등히 많은 상황에서 이 점은 매우 중요하다. 이 점은 널리 알려진 사실이고 매우 긍정적인 것이다. 부정부패와 관련된 뉴스가 연일 보도되고 있는 우리나라의 현실과 비교하면 더욱 그렇다.

중앙정부와 지방정부 간에, 지방정부와 지방정부 간에 역할과 임무가 잘 구분되어 있는 것도 장점으로 볼 수 있다. 그리고 지방 재정도 스스로 결정하고 국세에서의 지원도 잘 규정되어 있다. 조세체계를 그렇게 만들어 놓았기 때문이다. 지방세를 주민 스스로 결정하기 때문에 선거, 특히 지방의회 의원 선거에 관심이 높다.

지방정부의 경우에 지방의회 의원은 전일제 직장이 있는 사람이 담당하도록 되어 있다. 그러므로 지방의회 의원은 실제로 두 가지 일을 겸직하고 있는 셈이다. 그렇지만 지방의회 의원은 파트타임으로 운영된다. 지방의회 의원은 의회에서 자신이 실제로 일한 시간에 시간당 보수를 곱하여 구한 액수를 받는다. 사실상 지방의회 의원은 자원봉사자인 셈이다. 그들은 자신의 본업을 정상 근무 시간에 마치고 퇴근 시간 이후에 만나서 지방의회 일을 처리한다. 지방의회 의원은 공무원 · 의사 · 교사 · 기업체 직원 등, 현실에서 전일제 직업을 갖고 있는 사람들이다. 지방정부의 경우에, 지방자치단체의 장(우리의 경우에 시장, 군수 등)은 지방의회 의원의 수장이 맡고 수장의 통제에 따라 의회의 결정을 수행하는 공무원이 존재한다.

지방의회 의원의 경우는 매우 비용이 적게 드는 구조이다. 그러나 이것이 두 나라의 정치가 무결점인 것을 의미하지는 않는다. 주인-대리인 문제(principal-agent problem) 같은 문제가 발생한다. 예를 들어 의료의 경우에 국민들의 요구가 잘 반영되지 않는다는 사실이 언론에 보도되곤 한다. 다만 이 문제가 어느 정도 심각한가는 심도 있는 연구가 필요하다.

두 나라 정치의 이런 장점에도 불구하고 두 나라 정치를 생각할 때 우리가 더 심각하게 검토해야 할 대목이 있다. 두 나라 정부가 너무 크고 강력하다는 것이다.[3] 샌드버그(1998)는 스웨덴의 경우에 1520년대 초 무렵부터 중앙정부가 아주 강력했다고 지적한다.[4] 두 나라의 정부는

3 정부가 커지게 된 배경에는 정부와 노동조합 간의 '담합'이 있는 것처럼 보인다. 두 나라에서 노동조합은 강력한 집단주의 성향을 가지고 있기 때문이다. 물론 최근에는 단일 집단으로 간주할 수 없을 정도로 이해관계가 복잡해지고 있다. 그러나 아직까지는 여전히 사용자와 노동자, 자유와 평등의 구분에서 많은 노동자가 일치된 견해를 보여주고 있는 것처럼 보인다.

4 샌드버그(1998), 13쪽 참조.

많은 규제로 두 나라 사람들의 삶을 조종하고, 통제하고, 때로는 강하게 억압한다. 이 점을 샌드버그(1998)는 다음과 같이 지적한다. "선거 때의 논쟁에서부터 학교의 교과서에 이르기까지, 거의 모든 사회문제들에 대한 해결책으로 제시된 두드러진 의견은 정치적 개입이라는 것이었다. (중략) 스웨덴에서 사회민주주의는 정치적 사고체계를 형성했고, 모든 문제를 해결하는 정치적 특권을 만들어냈다."[5]

물론 많은 규제를 유지하기 위해 많은 세금은 필연적이다. 두 나라 정부는 중재자라는 이름으로 노사 관계에도 깊숙이 개입하고 있다. 무엇보다도 정부는 소득재분배라는 이름으로 사람들의 자유와 권리를 침해한다.[6] 그런 과정에서 평등은 좀 이루었는지는 몰라도-이 점도 심도 있는 연구가 필요하다-경제가 점차 활력을 잃어가고 있을 뿐 아니라 위기에 취약한 경제가 되어가고 있다. 제2장에서 자유와 평등, 경제성장, 소득분배 간의 관계에 대한 실증분석은 이론을 지지하고 있을 뿐 아니라 그런 분석은 적지 않음을 이미 지적했다. 국가가 사람들의 삶을 극도로 억압하고 통제한 사례가 불임과 거세를 강제한 것이다.

덴마크에서는 크리스티아니아의 자칭 '프리타운'(free town) 같은 반대와 저항도 만만치 않다.[7] 프리타운이란 1971년 코펜하겐 옛 병영지에 설립된 자치 지구로서 덴마크 정부로부터 독립된 법, 통화, 깃발 등을 갖고 있다. 덴마크 정부가 프리타운에 대한 법적 지배권을 갖고자 노력하고 있으나 저항에 부딪치고 있다. 이러한 행위가 의미하는 바가 무엇

5 샌드버그(1998), 24쪽 인용.

6 모든 규제가 사람들의 삶에 부정적인 영향을 주는 것은 아니다. 살인을 금지하는 것 같은 규제는 긍정적인 효과를 미치는 것이다. 그러나 경제규제는 거의 대부분 사람들의 삶에 부정적인 영향을 미친다. 예를 들어 최저임금제, 노동조합 등이 그런 규제의 일부이다.

7 힐슨(2010), 147쪽 참조.

〈표 12〉 덴마크와 스웨덴의 연도별 중앙정부 부채와 GDP 대비 비중

국가 / 연도	덴마크		스웨덴	
	중앙정부 부채 (100만 달러)	(중앙정부 부채/GDP)×100(%)	중앙정부 부채 (100만 달러)	(중앙정부 부채/GDP)×100(%)
1990	90,801	62.4	94,499	39.6
1995	137,643	74.9	204,517	75.8
2000	88,424	54.8	137,155	56.9
2005	96,010	39.3	164,534	46.2
2007	92,738	27.8	182,115	36.4
2008	106,455	32.3	143,253	35.6
2009	120,909	37.9	167,106	38.1

출처: 통계청/국제통계/국제기구 회원국별 통계/OECD/재정·통화·금융/중앙정부 부채

인가? 게다가 두 나라는 다른 어떤 나라보다 비대한 공공부문을 가지고 있다.

〈표 12〉는 두 나라의 중앙정부 부채의 규모와 GDP 대비 비중을 보여주고 있다. 덴마크의 경우에 그 비중은 1995년에 74.9%까지 상승하였다가 2009년에는 약 38%까지 하락했다. 스웨덴의 경우에 그 비중은 1995년에 75.8%까지 상승하였다가 2009년에 약 38%까지 하락했다. 두 나라에서 국민부담률이 50% 내외이기 때문에 그 정도에서 세금을 조금이라도 올리는 것은 쉽지 않아 보인다. 그런 상황에서 재정적자는 그 규모가 작더라도 부담으로 작용할 수 있다. 1990년대 두 나라에서 재정적자가 크게 증가한 것은 보편적 복지제도가 위험했음을 보여주는 증거의 하나로 여겨진다. 그리고 재정적자가 없는 상태가 가장 좋다는 절대적인 기준에서 보면 약 40% 정도의 재정적자도 작은 규모로 보기 어렵다.

(2) 천연자원과 적은 군사비[8]

천연자원이 경제성과를 반드시 좋게 만든다고 할 수는 없다. 그러나 천연자원을 잘 이용할 수 있다면 천연자원이 없는 경우에 비해 경제에 도움이 된다. 스웨덴은 삼림이 풍부하고 그로 인한 목재, 펄프, 제지 등에서 경쟁력이 있었다. 고급 품질의 철도 풍부하다. 게다가 스웨덴은 수력 에너지가 풍부한 편이다. 만약 수력 발전소를 건설한다면 건설하는 당시에는 많은 비용을 지불하게 되기 때문에 어려움이 많다. 그러나 일단 발전소가 건설되고 나면 적절히 유지하고 관리만 잘 하면 적은 비용으로 비교적 친환경적인 저렴한 수력 에너지를 이용할 수 있다. 즉 자본재 등은 내구연한에 따라 긴 기간 동안에 많은 사람이 혜택을 받을 수 있다. 덴마크는 베이컨, 버터 같은 낙농가공제품에서 비교 우위가 있다.

군사비를 적게 지출한다는 것은 경제적으로는 매우 중요하다. 덴마크의 국방비 지출은 2009년 약 42.3억(2010년 불변 가격) 달러, 2010년 약 45.04억 달러로 각각 GDP의 1.4%, 1.5%이다. 스웨덴의 국방비 지출은 2009년 약 54.38억 달러(2010년 불변 가격), 2010년 약 58.86억 달러로 두 해 모두 GDP의 약 1.3%이다. 2009년 현재 국방비의 전 세계 평균은 GDP의 2.7%이고 두 나라의 국방비 지출은 전 세계 평균의 절반 정도 수준이다.

우리나라와 비교하면 이 점은 두드러진다. 우리나라는 2009년 현재 약 277.1억 달러(2010년 불변 가격), 2010년 275.7억 달러로 국방비가 GDP의 각각 약 2.9%, 2.7%이다. 2009년 현재 세계 평균을 상회하는 수준의 국방비를 지출하는 나라는 한국, 미국, 러시아, 사우디아라비아 등

8 국방비 통계는 www.sipri.org/databases/milex/를 참조.

이다. GDP 대비 국방비 지출은 1989년에는 4.4%까지 치솟았다. 여기에 우리나라는 60만 대군의 인건비가 터무니없이 낮게 지불되고 있다. 덴마크와 스웨덴에서는 공무원도 노동조합이 결성되어 있고 임금이 협상에 의해 결정됨으로써 시장에서 결정되는 임금에 근접해있다. 그 점에서 우리나라와 비교하면 덴마크와 스웨덴은 다른 부문에서 많은 자원을 사용할 수 있다.

만약 국방에 종사하는 인력이 덴마크와 스웨덴 수준으로 낮아지면 그만큼 다른 부문에서 인력이 더 배분될 것이다. 그것은 기업과 산업의 인건비 부담을 줄이게 되고 그 결과 그만큼 국제경쟁력을 향상시킬 수 있을 것이다. 국방에 소요되는 다른 자원도 동일한 말을 할 수 있다. 다른 말로 하면 우리나라와 비교하여 볼 때 스웨덴과 덴마크가 복지 지출로 사용할 자원이 그만큼 여유가 있다는 것이다. 또는 스웨덴과 덴마크와 비교할 때 우리나라가 복지지출에 사용할 자원이 그만큼 여유가 없다는 것이다.

4

경제성과

(1) 공공부문의 비효율

〈표 13〉은 덴마크 공공부문의 비중을 보여주고 있다. 2006년 현재 공공부문 종사자는 전체 고용인구의 약 36%에 달하고 있다. 스웨덴의 경우에 공공부문 종사자의 비중은 2009년 10월 현재 약 28.3%이다. OECD 평균 공공부문 종사자 비율은 약 14.3%이다. 공공부문 종사자 비율은 OECD 평균에 비해 스웨덴이 약 2배, 덴마크가 약 2.5배이다. 여기에는 교육, 보육, 의료, 주택(일부) 등이 포함된다.

어느 나라나 공공부문은 비효율적이다. 덴마크와 스웨덴도 예외가 아니다. 앞에서 지적했듯이 의료는 턱없이 부족하고 학교도 충분치 않다. 잘 드러나지는 않지만 공공부문에서 흔히 일어날 것으로 예상되는 주인-대리인 문제도 발생하고 있는 것으로 보인다. 예를 들어 의료의 경우에 국민들의 요구가 현실에 잘 반영되지 않는다는 지적이 언론에 보도되곤 한다. 이 경우에 정부 관료들은 세금을 인상하여 문제를 해결하기를 희망하지만 그 방법도 쉽지 않다. 이미 높은 세금과 사회보장비용을 부담하고 있는 국민들이 세금 인상을 원치 않기 때문이다. 의료의 경우

〈표 13〉 덴마크 노동자의 각 산업별 비중 [단위: %]

연도	1차 산업	2차 산업	3차 산업		합계
			민간부문	공공부문	
1960	21	33	32	14	100
1970	11	34	33	21	99
1980	8	27	32	33	100
1990	6	26	33	35	100
2000	4	26	34	35	99
2006	3	23	37	36	99

자료: Scheuer (2007), 238쪽에서 재인용.
주: 합계가 100이 안 되는 것은 사사오입 때문임.

〈그림 7〉 덴마크 노동자의 각 산업별 비중(2006)

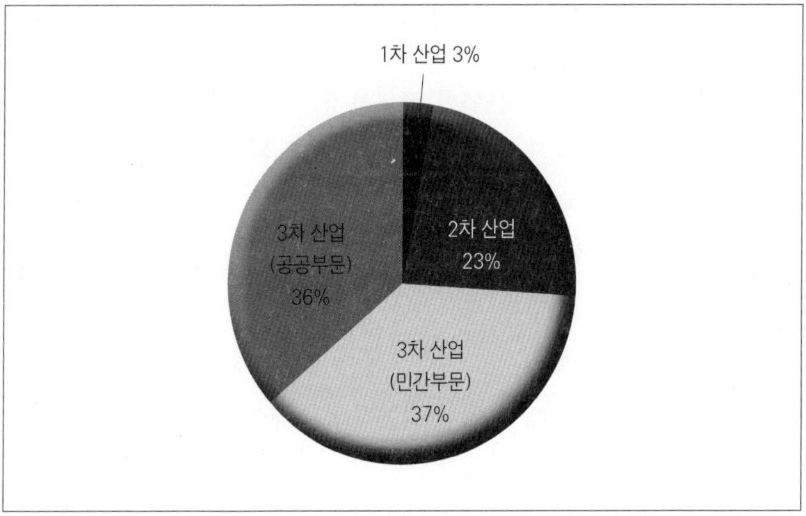

에 예산을 확보하기 위하여 과잉진료를 하는 경우도 있다. 실업에서 보듯이 도덕적 해이 문제도 작지 않는 것처럼 보인다.

공공부문의 비효율은 작지 않을 것으로 예상되지만 그 성격상 현실에서 증거를 잡는 것이 쉽지 않다. 이미 공개된 비효율이라도 연구자들이 그것이 공공부문과 연결되어 있는 점을 모르는 경우도 있을 수 있기 때문이다. 앞에서 지적한 문제점들 이외에도 공공부문은 생산성을 측정할 수 없다는 점이 공공부문의 효율성을 증대시키는 일을 더 어렵게 한다. 그리고 공공부문 종사자 비중이 다른 나라에 비하여 크기 때문에 그 만큼 비효율도 클 것으로 예상할 수 있다. 반드시 비례하지는 않겠지만 말이다.

〈표 13〉에서 2006년 현재 3차 산업이 전체 종사자의 약 73%를 점한다. 이것은 2차 산업이 너무 취약해진 것을 의미한다. 너무 많은 인원이 3차 산업에 종사하는 것, 그것도 공공부문 3차 산업에 종사하는 것은 바람직하지 않다.

역사적으로는, 북부 유럽 국가에서 1970년대는 직물과 의류 산업, 1980년대는 선박과 조선 산업이 쇠퇴하기 시작했다. 전통산업의 쇠퇴로 인한 실업자를 3차 산업의 공공부문에서 흡수했다. 복지정책으로 인한 여성인력의 노동시장 참여도 3차 산업의 공공부문에서 흡수했다. 단기적인 관점에서는 이러한 대처는 매우 훌륭한 정책으로 보인다. 그러나 공공부문이 더 이상의 수용능력이 없는 지금의 시점에서 2차 산업이나 3차 산업의 민간부문에서 구조조정을 해야 하는 상황이 발생하면 복지국가 체제는 심한 어려움에 직면하게 될 것으로 예상된다.

(2) 보편주의와 자원 배분의 비효율

덴마크와 스웨덴의 복지국가 체제는 보편주의 원리에 의존하고 있다. 의료, 보육, 교육, 아동보조금, 건강보조금[건강보험] 등이 빈곤층에게 국한되는 것이 아니라 소득과 관계없이 모든 인구에게 제공되기 때문이다.

보편주의에 의한 자원배분은 몇 가지 문제를 발생케 한다. 첫째, 보편주의에 의한 자원 배분은 정작 다른 부문에서 사용할 자원을 부족하게 만든다. 예를 들어 학교 교육에 너무 많은 자원이 투입되면 의료에 사용될 자원이 부족한 현상이 발생하는 것이다. 두 나라에서는 실제로도 그런 현상이 목격되고 있다. 이러한 상황은 사실상 '명목적 보편주의'가 '실질적 비보편주의'를 초래한다. 여기에서 비보편주의란 일부 사람이 서비스를 이용할 수 없는 상황이 발생한다는 것을 지칭한다.

둘째, 보편주의는 정작 지원을 필요로 하는 사람들을 지원할 자원을 부족하게 만든다. 보편주의를 채택하지 않는다면 더 적은 자원으로 더 많은 복지 요구를 충족시킬 수 있을 것이다. 보편주의에 의해 많은 자원을 복지에 투입하기 때문에 사실상 복지 지원이 필요한 사람에게 복지 지원이 부족해지는 문제점이 발생하게 된다.

셋째, 보편주의는 일부 부문에서는 자원을 불필요하게 남아돌게 만들 수 있다. 덴마크의 경우에는 학교 교육이 그런 상태로 여겨진다. 초등학교와 고등학교에서 교사의 수가 엄청나게 많은 사례가 여기에 해당한다. 그러나 그런 경우에 다른 부문에서는 자원이 모자라게 마련이다. 교육에서도 대학 교육은 순서를 기다리는 사람이 상당하고 직업대학에서는 경쟁률이 학교 정원의 약 3배라고 한다. 보편주의를 실행하는 과정에서 여성인력을 이용하기 위하여 불필요한 일자리를 창출한 경우에 발생하는 문제이다.

넷째, 보편주의에 의한 복지제도의 시행은 다수의 공무원이 필요하기 때문에 그만큼 복지에 사용될 자원을 줄어들게 만들거나 다른 부문에 사용될 자원을 줄어들게 만든다. 아마도 이 점이 실업률과 청년실업률을 높게 만들고 있는 한 가지 원인으로 여겨진다.

다섯째, 보편주의는 경우에 따라서는 자원 낭비를 초래할 수 있다. 모든 학생에게 급식을 실시하니까 급식의 품질이 좋아지지 않게 되고 그 결과 일부 학생은 그런 급식을 먹지 않고 폐기하는 경우를 목격할 수 있다. 보편주의가 자원 낭비를 초래하는 예이다.

(3) 사회주의와 과다한 간섭주의

교육, 의료 등은 보편주의를 원칙으로 삼으면서 사회주의를 채택했다. 교육, 의료 등과 관련한 생산수단을 국·공유화하고 운영비는 세금으로 지불한다. 사회주의는 아주 작은 단위의 조직이나 기관에서는 작동하지만 그 범위를 벗어나면 장기적으로 지속가능하지 않다.

복지국가 체제를 지향했던 덴마크와 스웨덴의 복지국가 체제를 설계했던 사회주의자들은 기업이 보유한 생산수단만을 사유를 허용한다면 경제가 잘 작동할 것으로 예상했다. 그러나 가장 중요한 생산수단은 기업에 있지만 생산수단이 기업에게만 있는 것은 아니다. 많은 생산수단이 기업이 아닌 곳에서도 존재한다. 두 나라의 사회주의자들은 그 점에서 오류를 범했다.

일부 전문가는 국가가 민간 자원을 국유화하지 않는 두 나라의 정책을 긍정적으로 평가한다. 그러나 두 나라 정부는 민간의 경제 행위를 강력하게 통제하고 간섭한다. 우리는 이것을 간섭주의라고 부른다고 이미 지적했다. 간섭주의는 다양한 형태로 나타난다. 정부가 임금의 결정을 노사 협상에 맡김으로써 시장 임금보다 높아지는 것을 허용하는 것이 두 나라 노동시장에 존재하는 간섭주의의 대표적인 예이다. 제1장에서도 지적했듯이 간섭주의의 폐해로 만성적인 실업, 경제위기 등이 발생하고 정부는 그런 문제를 해결하기 위하여 민간의 경제행위에 더 많은 간섭과 통제를 시행하게 된다. 간섭주의의 폐해가 극명하게 드러나는 경우는 두 나라에서 실업이 만성적일 뿐 아니라 경제위기마다 실업이 큰 폭으로 증가한다는 것이다. 간섭주의는 민간의 자생력을 없애기도 한다.

각종 보조금, 예를 들어 실업보험금은 보조금의 일종으로서 간섭주의의 일종이다. 이런 종류의 보조금은 부지기수다. 〈표 2〉(본 책 83쪽)에 나열된 상당수의 보험금이나 기금은 보조금의 일종으로서 간섭주의의 실례이다. 복지라는 이름으로 행해지는 정부의 각종 보조금이나 지원은 경제적으로는 간섭주의의 다른 이름일 뿐이다. 간섭주의는 필연적으로 폐해를 만들어내고 그 폐해를 없애기 위하여 또 다른 복지, 즉 간섭주의가 실행되는 것이다. 즉 간섭주의는 일단 시행되기 시작하면 누적되는 경향이 있다. 제1장에서 지적했듯이 간섭주의의 끝은 국가의 파멸과 문명의 종말이다. 철두철미한 개혁 없이는 간섭주의는 파국에 이르게 될 경향이 크다.

(4) 부자에 대한 누진 과세와 저축의 감소

저축이야말로 경제성장에 필수적이다. 우리가 위대한 발명을 했다하더라도 투자할 자본이 없다면 그 발명을 현실화할 수가 없게 된다. 자본의 형성은 저축에 의해서 이루어진다. 저축은 국내인이 하는 저축이 있고 외국인이 하는 저축이 있다. 후자를 우리는 외국 자본이라고 한다. 국내인이 하는 저축에도 두 가지가 있다. 보통사람이 하는 저축과 대자본가가 하는 저축 또는 부자가 하는 저축으로 구분할 수 있다. 보통사람은 저축률이 높지 않다, 생명을 유지하고 자신이 원하는 삶을 살기 위하여 상당한 금액의 자본이 필요한 데 비하여 본인이 창출한 자본은 많지 않기 때문이다. 부자는 입장이 다르다. 자신이 소유한 극히 일부만으로도 자신이 원하는 삶을 유지할 수 있기 때문에 저축률이 높지 않을 수 없다. 경제성장을 위해서 꼭 필요한 저축에 있어서 대자본가 또는 부자의 역할이 중요한 것은 바로 이 때문이다.

덴마크와 스웨덴에서 부자들은 세금을 많이 납부해야 한다. 그렇지 않으면 두 나라의 보편적 복지제도가 잘 굴러갈 수 없다. 그리나 부자에게 많은 세금을 부담하게 하는 것은 부자의 저축률을 떨어뜨리게 한다. 높은 세금이 저축할 유인을 억제하기 때문이다. 그리고 높은 세금 자체가 부자들의 저축률을 떨어뜨린다. 부자들의 저축이 줄어들면 경제성장도 어려워진다. 저축이 경제성장을 유도하는 요인들 중 가장 중요한 것이기 때문이다. 부자들의 저축률 하락과 경제성장의 정체는 복지제도 자체를 위기에 빠뜨린다. 경제성장이 있을 때만이 보통사람들은 소득을 얻어 호구지책을 마련하고 복지제도를 운영할 세금을 낼 수 있다.

특히 덴마크에서는 부자들의 세금은 엄청나다. 그 결과 일부 부자는 덴마크를 떠나고 있고 그것이 이제 덴마크에서 사회 문제가 되고 있다. 즉 부자에 대한 누진 과세가 조세저항을 불러오고 있는 것이다. 스웨덴에서도 부자가 모국을 떠나는 경우는 있지만 사회 문제가 될 정도는 아닌 것처럼 보인다. 그 결과 대자본가 또는 부자의 저축은 다른 나라와 비교하면 작을 것으로 여겨진다. 여하튼 대자본가의 저축 감소는 경제성장에 부정적인 요인임에 틀림없다.

(5) 경제성과의 역사성

스웨덴과 덴마크는 제2차 세계대전의 영향을 거의 받지 않았다. 특히 스웨덴은 전쟁의 피해는 거의 입지 않았을 뿐 아니라 독일에 전쟁물자를 판매함으로써 전쟁기간 동안에도 전쟁 참여국가에 비해 국민이 어려움을 적게 겪었다. 그 결과 제2차 세계대전이 끝나고 두 나라는 전쟁복구에 다른 나라에 비해 유리했기 때문에 대전 이후의 경제성과도 다른 유럽국가에 비해 뛰어났다. 1950년대 두 나라의 경제성과는 여기에서 자세히 논의하지 않았지만 실로 눈부셨다. 경제성장이 빠르다는 것은 자본 축적이 빠르다는 것을 의미하고 그런 자본 축적은 이후의 생산성에 긍정적인 영향을 미친다. 한마디로, 복지정책을 본격적으로 도입하게 되는 1950년대는 경제성과에 있어서도 화려한 시기였다는 것이다.

그러나 한 나라의 좋은 경제성과가 언제나 지속되는 것은 아니다. 우리가 어떤 제도를 선택하느냐에 따라 경제성과는 달라질 수밖에 없다. 제2차 세계대전 직후에 빠른 경제성장을 했던 두 나라는 평등주의의 실현으로 경제성과는 지지부진해지기 시작한다. 그럼에도 불구하고 덴마크와 스웨덴이 물질적인 측면에서 하위 국가로 전락하지 않는 것은 과거에 눈부신 경제성장으로 자본재들이 누적되어 있고, 노동자들의 숙련도가 높으며, 앞선 기술이 많기 때문이다. 만약 독일처럼 전쟁으로 인한 폐허에서 출발했다면 그리고 오늘날과 같은 복지국가 체제를 도입했다면 스웨덴과 덴마크의 경제는 오늘날보다는 훨씬 나쁠 것이고 극단적으로는 오늘날의 북한 경제와 상당히 유사할 것임을 예상할 수 있다. 요약하면, 1950년대 이후에 덴마크와 스웨덴은 몇 번의 위기를 경험했지만 현재의 국민소득 수준을 유지할 수 있었던 데는 역사적인 요인도 무시할 수 없다는 것이다.

5

역사적 평가

자연과학에서는 실험실에서 반복적인 실험이 가능하다. 그러나 사회과학, 특히 경제학과 경제현상에서는 그런 실험이 허용되지 않는다. 유일하게 가능한 것은 사고실험(thought experiment)이다. 경제역사에서 사고실험이란 실제로 일어난 경제역사와 일어났을지도 모르는 역사와 비교하는 일이다. 다른 말로 하면, 만약 역사가 다른 길을 선택한다면 어떻게 되었겠는가하는 것이다. 물론 이 경우는 역사가의 사고실험에 의하게 된다. 이때 역사가는 경제학과 다른 학문의 도움을 받아 가장 이상적인 상태의 정책을 채택한다면 일어날 결과를 예상하는 것이다. 가장 이상적인 상태에서의 일어날 결과를 예상하는 일은 어려울 뿐 아니라 정확성을 보증하기도 쉽지 않다는 점에서 이러한 역사평가는 다른 사람으로부터 신뢰를 얻기가 어렵다. 그리고 Mises (2007)는 바로 그 점 때문에 역사 평가는 과학보다는 예술에 가깝다고 지적한다. 비록 그런 어려움이 있더라도 역사 평가의 가치는 작지 않다.

만약 덴마크와 스웨덴이 현재와 같은 복지국가 체제를 채택하지 않고 자본주의에 충실한 제도와 정책을 실행했다면 어떻게 되었을 것인가? 만약 그렇게 했다면 두 나라는 지금보다 더 빨리 더 부유해졌을 것이고 소득의 불평등도 지금보다 더 개선되었을 것이다. 비록 그들이 유럽의 다른 나라와 비교하여 소득의 크기와 불평등 정도가 나쁘지 않은 것은, 제도적 관점에서 유럽의 다른 나라들도 덴마크와 스웨덴과 비교하여 크게 좋은 것이 없기 때문이다. 다시 말하면 덴마크와 스웨덴은 복지국가 체제를 선택함으로써 소득이 하향 평준화되었다는 것이다.

제6장

교훈과 개혁 방향

1. 덴마크와 스웨덴 복지국가 체제가 주는 교훈
2. 한국 복지제도의 개혁 방향

1

덴마크와 스웨덴 복지국가 체제가 주는 교훈[1]

덴마크와 스웨덴의 복지국가 체제는 보편주의에 의거하여 복지 혜택이 모든 사람에게 평등하게 돌아갈 뿐 아니라 모든 위험이나 사고에 대비하여 거의 완벽한 복지제도를 구비하고 있는 것이 큰 특징이다. 그러나 그런 복지제도를 유지하기 위하여 많은 세금을 내는 것 또한 현실이다.

만약 복지 혜택은 많이 받고 세금은 적게 내기를 원한다면 보편주의적 복지제도를 유지할 수는 없다. 그런 제도는 어떤 경우라도 가능하지 않기 때문이다. 일부 정치가와 전문가는 두 나라의 보편적 복지제도가 그 비용을 적게 부담하고 그 혜택을 많이 받는 것처럼 국민에게 선전하고 선동하고 있다. 그러나 현실에서 그런 일은 일어날 수 없다. 덴마크와 스웨덴도 예외는 아니다.

1 교훈을 유도하기 위해서는 정부의 저축, 정부의 직접투자 촉진 정책, 무역 정책 등이 어떻게 경제를 왜곡하고 비효율적으로 만들어왔는가를 분석할 필요가 있다. 그러나 자료와 시간의 제약 등으로 그 부분을 다루지 못했다. 두 나라의 복지제도를 위주로 분석을 진행했기 때문이다. 기회가 된다면 보강해야 할 부분임을 인정하지 않을 수 없다. 그리고 그만큼 여기에서 유도한 교훈과 전체 분석이 제한적임을 인정하지 않을 수 없다.

어떤 정책을 평등주의와 보편주의를 결합한 관점에서 시행한다면 그 정책은 필연적으로 사회주의가 되거나 지독한 간섭주의가 되지 않을 수 없다. 사회주의와 간섭주의는 각종 폐해와 자원의 낭비를 초래하고 바로 그 이유로 평등주의를 기초로 한 보편주의적 복지제도는 장기적으로 지속 가능하지 않다. 활력이 소진된 듯이 보이는 경제, 높은 실업률과 청년실업률, 비정규직의 증가, 각 산업과 부문에서 일어나고 있는 자원 낭비와 비효율 등이 보편적 복지제도의 폐해이다. 게다가 보편적 복지제도는 자유와 재산권 같은, 인간의 삶에서 기본적이고 필수적인 것을 빼앗고 파괴한다.

보편적 복지제도를 유지하기 위해서 무엇보다 기초적이고 긴요한 것은 정규직 형태의 완전고용이다. 그러나 두 나라에서 실업률은 다른 유럽 국가 못지않게 높다. 만약 실업을 회피하기 위해서 병원에 입원하거나 교육 프로그램을 이수하기 위하여 학교에 진학하는 경우는 사실상 실업이 위장되는 경우이다. 정확한 정도를 알 수 없지만 그 정도는 적지 않다고 하겠다. 두 나라에서 청년실업률은 문제가 더 심각하다. 그리고 이 두 가지 문제는 단기에 해결될 성질의 문제가 아니다. 사회주의와 간섭주의 때문에 생겨난 것이기 때문이다. 여기에 고용에서 비정규직도 작은 비중이 아니다. 일자리가 충분하지 않기 때문에 다른 나라로 가는 노동자도 상당수 있다. 세금이 무거워 해외로 이주하는 국민과 기업이 사회 문제가 된지 오래다. 다시 말하면, 두 나라는 이미 보편적 복지제도를 유지하기 위한 근간이 무너진 상태라고 볼 수 있다. 그럼에도 불구하고 두 나라의 정치가들은 아직도 두 나라가 보편적 복지제도를 유지하고 있다는 주장만 되풀이하고 있다. 그들의 주장은 무책임한 선전과 선동이라고 여겨진다.

덴마크와 스웨덴 정부는 매우 투명하고 부정과 부패가 없는 것처럼 보인다. 그 결과로 두 나라 정부는 투명성과 청렴성에 있어서 세계에서 순위가 높다. 정치가들은 특권의식이 없는 것처럼 보이고 국민에게 매우 헌신적이다. 특히 지방의회 의원은 시간당 수당만 받고 봉사하고 있다. 그 결과 정부와 국민 간에 신뢰가 두터워 보인다. 우리나라 정치가의 특권의식과 수많은 특권, 그로 인한 정부에 대한 국민의 강한 불신은 덴마크와 스웨덴 정부와 대조를 이룬다. 보편적 복지제도를 위해서는 정부와 국민 간에 강한 신뢰가 선결조건이다. 두 나라에서는 정치 문화도 타협과 합의를 중요시하고 국민은 정부 개입을 대체로 수용할 만한 것으로 여긴다.

스웨덴의 경우에 연금제도를 바꾸면서 1991년에 논의를 시작해서 1998년에 제도 변경을 결정했다. 그리고 새로운 제도를 2000~2003년에 시행에 들어갔다. 제도 변경에 아주 긴 시간이 걸린 것이다. 그리고 연금제도를 바꾸는 경우에도 보편주의를 포기하는 방향으로 개정했음에도 불구하고 국민은 크게 불만이 있는 것처럼 보이지 않는다. 다시 말하면 논의와 합의가 오래 걸리고 그만큼 제도를 변경하는 데 신중하다는 것이다. 우리는 과연 그것이 가능할 것인가? 많은 이해집단과 그들의 완강한 저항 때문에 필자는 회의적이다.

두 나라의 국민부담률은 50%대에 이른다. 우리나라는 어떤가? 2008년 현재 우리나라의 조세부담률은 20.7%이고 국민부담률은 26.5%이다. 그러나 여기에는 군인의 인건비가 엄청나게 낮게 측정된 점을 고려해야 한다. 군인으로 복무하는 것은 일종의 현물세인 셈인데 군인의 시장 임금을 포함한다면 조세부담률과 국민부담률은 상당히 높아질 것이다. 게다가 정부가 공용택지를 개발하는 경우에 공립학교용 부지는 대가 없이 강제 징수되고 있다. 이것도 현물세인데 조세부담률에나 국민부담률에는 포함되지 않고 있다. 각종 준조세는 또 어떤가? 다시 말하면,

지금도 국민이 실제로 부담하는 세금을 포함한 각종 부담금은 결코 작지 않다는 것이다. 절세와 탈세가 광범위하게 일어나고 있는 현실이 그 점을 간접적이게나마 증명한다. 이런 상황에서 보편적 복지정책은 추가적인 부담을 국민에게 줄 것이고 세금과 부담을 줄이기 위한 각종 편법과 조세저항으로 이어질 것이다.

덴마크 인구는 약 560만여 명이고 스웨덴은 약 950만여 명이다. 덴마크 인구는 부산과 대구를 합친 인구보다 조금 많고 스웨덴 인구는 서울과 경기 지역 인구의 절반 수준도 되지 않는다. 두 나라의 인구가 그만큼 적다는 것이다. 인구가 적은 경우에 대의민주주의를 하더라도 사실상 직접민주주의에 가깝게 되고 그 결과 대의민주주의에서 나타날 수 있는 각종 병폐, 예를 들어 주인-대리인 문제, 도덕적 해이 문제, 감독비용 문제 등을 최대한 통제하고 억제할 수 있다. 그것은 보편주의적 복지제도가 근본적으로 지속가능하지 않다고 하더라도 규모가 큰 나라들보다 작은 나라들에서 상대적으로 오래 존속할 수 있다는 것을 의미한다.

그러나 적은 인구가 장점만 있는 것은 아니다. 인구가 적으면 경제에서 '규모의 경제'로 인한 이점을 향유할 수 없다. 그 점을 잘 알았던 두 나라의 기업들은 일찍부터 해외로 영역을 확장하고 국제화에 많은 노력을 기울였다. 그러나 국제화할 수 없는 영역도 많이 있다. 공공부문이 바로 그런 영역이다. 불행히도 두 나라의 공공부문은 작지 않다. 게다가 중소기업은 자본 규모가 작기 때문에 국제화할 능력도 없다. 덴마크에서는 10인 이하의 중소기업이 전체 기업의 80%를 차지한다.

두 나라의 군사비 지출은 우리나라의 군사비 지출의 절반도 안 된다. 군사비를 적게 쓴다는 것은 그만큼 군사비에 사용할 자원을 다른 산업이나 부문에 사용할 수 있음을 의미한다. 군인이 국방의 의무에서 풀려나면 그만큼 다른 산업이나 부문에서 노동비용을 낮출 수 있다. 게다가 국방에 종사하는 군인은 어떤 노동자보다도 생산성이 높을 나이가 아닌가. 스웨덴의 경우에 양질의 철, 광대한 삼림과 목재, 수력 에너지 같은 천연자원이 있고 덴마크도 농업 자원을 중심으로 하는 천연자원이 적지 않다. 이 점은 두 나라가 국방비 부담과 천연자원의 확보에서 다른 나라에 비해 유리하다는 것을 의미한다.

두 나라가 비록 보편적 복지국가 체제의 근간을 유지하고 있지만 곳곳에서 발생하고 있는 폐해와 그 폐해의 누적으로 최근에는 각 부문과 산업에 자본주의적 · 준자본주의적 요소를 도입함으로써 효율성, 다양성, 선택의 자유 등을 보호하고자 하고 있다. 그리고 보편적 복지라 하더라도 극히 예외를 제외하고는 소비자가 비용을 일부 부담하는 방식을 채택하고 있다. 게다가 스웨덴의 경우에 복지정책에서 매우 중요한 연금제도에서 보편주의를 포기했다.

복지제도에서 각종 혜택은 정부가 제공하는 보조금이고 보조금은 규제의 일종이다. 그런데 정부는 정부 지출의 큰 부분을 보조금으로 사용하고 있다. 즉 덴마크와 스웨덴에는 거미줄 같은 규제가 국민의 삶을 지배하고 통제한다. 그리고 규제는 각종 비효율과 낭비를 초래함을 앞에서 보았다.

두 나라 복지제도의 근저에 놓인 원리 중의 하나는 한 사람도 빠짐없이 세금과 기여금을 납부해야 한다는 것이다. 이 점은 소득이 낮은 사람도 예외가 아니다. 즉 모든 사람이 세금과 기여금을 납부해야 한다는 원칙에 따라 소득이 아무리 낮더라도 일정한 액수의 세금과 기여금을 납부하도록 한다는 것이다. 소득이 낮아 세금을 면제받은 사람이 많은 우리나라 현실과 대조된다. 그리고 이러한 원리는 정부가 개인에게 주는 보조금에도 적용된다. 예를 들어 실업보조금도 소득의 일종으로 간주하여 정부는 세금을 징수한다. 그리고 부자에 대한 누진적인 세금은 모국을 떠나게 하는 등의 조세저항을 일으키고 있다.

스웨덴의 경우에 법인세율은 유럽연합 평균에 비하면 여전히 높은 편이다. 비록 다른 국가에 비하여 현재의 법인세율이 높지만 자본의 이동성에 직면하여 법인세율을 지속적으로 인하해왔다는 점에서 긍정적인 평가를 할 수 있다. 1970~1980년대 50%를 넘는 수준에서 1991년 30%, 1994년 28%, 2009년 26.3%로 인하해왔기 때문이다. 그렇지만 두 나라 기업이 부담하는 조세와 국민부담은 여전히 높은 것이다.

두 나라에서 각종 복지제도는 가족관계를 느슨하게 하고 종국에는 가족을 해체하는 방향으로 사람들을 몰아가고 있는 것처럼 보인다. 두 나라에서는 전통적이고 보편적인 가족관계와 더불어 가족관계가 무시되는 듯한 가족관계의 특수성이 병존하고 있다. 이것은 복지제도가 인간의 '측은지심'을 무디게 한 결과로 보인다. 그에 따라 동거혼인, 이혼과 자살의 증대, 빈번한 인공유산 같은 비인간적이고 비가족적인 특수성이라는 현상이 발생하고 있는 것이다.

두 나라의 복지제도가 만들어진 역사는 길다. 그만큼 복지제도를 도입하는 데 성급하지 않았다는 것이다. 게다가 스웨덴의 경우는 19세기 말엽에 자유주의적 개혁을 통하여 폭발적인 경제성장을 함으로써 튼튼한 산업 기반을 갖게 되었다. 다시 말하면, 그런 산업 기반이 있었기 때문에 복지국가 체제를 그 정도나마 유지하고 있다고 볼 수 있는 것이다.

선별적 복지제도를 포함하여 보편적 복지제도를 주장하는 정치가, 전문가, 언론인 등은 자신들이 사실은 사회주의자이거나 간섭주의자라는 사실을 알아야 한다. 그들이 마치 인간애를 가진 합리주의자로 보이도록 허용되어서는 안 된다. 그렇게 하기 위해서 우리는 무엇이 자본주의이고, 무엇이 사회주의이며, 무엇이 간섭주의인가를 명확히 구분할 필요가 있다.

두 나라의 경제가 지금까지 그나마 어느 정도 굴러갔던 것은 먼저 생산요소의 증가 때문으로 보인다. 특히 양성생계부양자모형을 채택한 결과로 여성 노동이 지속적으로 시장에 진입함으로써 시장에서 결정되는 임금을 어느 정도 낮출 수 있었다. 그리고 이것은 두 나라 제품의 국제경쟁력을 강화하는 방향으로 작용했다. 물론 다른 한편에서는 여전히 사회주의와 간섭주의로 인한 폐해가 존속하고 있는 상황이다. 그나마 다행이었던 것은 두 나라 주위의 여러 나라가 두 나라 못지않게 사회주의와 간섭주의로 인한 병폐가 많다는 것이다. 비록 그 나라들이 복지국가 체제를 채택하지는 않고 있지만 말이다. 이 점은 매우 중요하다. 두 나라의 경제는 소국 개방형 경제이기 때문이다. 그러나 여성 인력을 공공부문에서 받아들일 수 있는 여지도 한계가 있다. 이때가 오면 두 나라의 경제는 더 이상 성장할 수 없게 될 공산이 크다. 두 나라가 그 시점에 이미 도달했는지도 모를 일이다.

복지국가라는 간섭주의와 사회주의의 길은 덴마크와 스웨덴 국민의 다수를 차지하는 노동자들(또는 농민들과 연합)이 사회주의자들과 담합하여 선택한 것이다. 문제는 다수가 언제나 옳은 선택을 하는가 하는 것이다. 서문에서도 인용했듯이 이 점에 대해서 미제스는 매우 의미있는 경고를 하고 있음을 강조하지 않을 수 없다.

만약 사회주의와 간섭주의를 포기하고 자본주의를 더 많이 도입했다면 두 나라는 어떻게 되었을까? 우리는 이러한 작업을 사고실험이라고 하는데 경제현상 같은 사회현상에 적용하는 실험 방법이다. 왜냐하면 경제학과 같은 사회과학에서는 자연과학에서처럼 실험실에서의 실험이 가능하지 않기 때문이다. 두 나라는 소득, 불평등 등에서 지금보다도 더 좋아져 있을 것이고 현재 경험하고 있는 각종 폐해와 비효율도 대부분 발생하지 않았을 것이다.

두 나라의 복지제도는 대부분 역사 분석이다. 극히 최근에 만들어진 복지제도보다는 오래 전에 만들어진 것이 많기 때문이다. 역사 분석은 많은 시간과 노력이 들어갈 때 좋은 결과가 나올 수 있다. 그러나 이 책에서 필자는 그렇게 했다고 감히 장담할 수 없다. 이 점은 향후에 극복해야 할 과제임이 분명하다.

사람들이 복지국가 체제에 관심을 가지는 것은 잘못된 지식 체계도 한 몫을 하고 있다. 거두절미하고 결론만 말한다면, 정부의 간섭주의와 사회주의가 각종 폐해, 예를 들어 빈곤 · 소득 불평등 등을 만들어낸다. 그러나 일부 정치가, 복지 전문가, 언론인 등은 빈곤 · 소득 불평등 같은 폐해가 자본주의 때문이라고 비난한다. 그들의 처방에 따라 실행되는 더 많은 간섭주의와 사회주의는 문제를 더 악화시킨다. 그러므로 우리가 빈곤, 소득 불평등 등의 폐해를 없애거나 줄이고자 한다면 잘못된 지식 체계를 바로 잡아야 한다는 결론에 이르게 된다.

경제 현상을 이해하고 설명하는 일의 어려움은 보이는 것만 있는 것이 아니라 보이지 않는 것이지만 존재하는 것도 있다는 것이다. 보이지 않지만 존재하는 현상을 보는 방법은 그런 현상과 관련한 '이론'을 정확히 아는 것이다. 이론을 모르면 그런 현상을 알아차릴 수 없다. 국내 노동시장에서 빠져 나가서 해외로 이주한 경우나 인플레이션으로 소득 재분배가 발생하는 현상이 그런 현상이다. 필자가 참고한 문헌의 저자가 경제이론을 정확히 이해하지 못하고 있을 경우에 앞에서 지적한 문제를 필자도 피할 수 없게 된다. 이 글에서도 그런 문제가 전적으로 없다고 확신할 수 없다. 다시 말하면 두 나라가 직면하고 있는 문제와 폐해가 실제보다 축소될 가능성이 있다는 것이다.

일찍이 공자는 말의 의미가 왜곡되면 자유를 잃는다고 갈파한 바 있다. 복지와 관련한 용어는 거의 대부분 왜곡되어 있는 것이 현실이다.

그 때문에 우리는 자유를 잃고 있다. 예를 들어 복지에서 사용하는 실업보험금이라는 말은 실업보조금으로 표기하는 것이 정확하다. 그것은 정부가 세금을 징수하여 개인에게 보조금으로 준 것이기 때문이다. 우리는 이제 왜곡된 말과 용어를 바로잡을 필요가 있다.

스칸디나비아 복지국가 체제의 현재와 미래에 대해 힐슨(2010)은 "복지국가의 정당성에 대한 도전은 별로 없지만, 복지국가의 미래에 대한 충분한 신뢰 또한 별로 보이지 않는다."라고 서술하고 있다.[2] 그러나 힐슨은 필자가 보기에 북부 유럽 국가들의 복지국가 체제에 대해서 긍정적인 시각을 지닌 것처럼 보인다. 즉 실제로는 복지국가의 미래에 대한 도전이 상당히 존재한다고 보는 것이 옳다는 것이다. 덴마크에서 부자들이 모국을 떠나는 행위가 사회문제가 되고 있다는 점이 그 좋은 증거이다. 그리고 왜 북부 유럽 국가들은 자신들의 체제에 대해 믿음을 가지고 있지 못하는가? 아마도 그들은 누구보다도 지금까지 지적한 문제와 폐해를 잘 알고 있기 때문이 아닌지 모르겠다. 필자는 덴마크와 스웨덴의 보편적 복지국가 체제는 우리 사회가 본받아야할 모델이 결코 아니라고 주장한다. 복지국가 체제를 주장하는 정치가들이나 학자들은 두 나라가 직면하고 있는 비효율을 포함한 각종 문제를 직시해야 한다.

결론적으로, 복지국가 체제는 장기적으로 지속가능하지 않다. 이론적으로 그렇다는 것이다. 이론적으로 가능하지 않은 것이 현실적으로 가능할 수는 없다. 다만 두 나라의 복지국가 체제는 긴 시간에 걸쳐서 만들어진 것이고 그 결과 경제가 붕괴하는 데도 짧지 않은 시간이 소요될 것을 예측해 볼 수 있다.[3] 그 징후는 곳곳에서 나타나고 있고 과거에 여

2 힐슨(2010), 157쪽 인용.

3 경제학은 현상을 분석하고 설명하는 것이 목적이고 그것이 경제학 자체의 기능이다. 예측은 경제학

러 번 위기를 경험한 것이 그 증거이다. 그리고 경제제도의 문제점을 해결하기 위하여 비록 부분적이지만 개혁을 하는 경우가 없지 않기 때문에 복지국가 체제의 해체는 예상하는 것보다 더 오래 걸릴 수 있다. 게다가, 경제지리적인 관점에서 볼 때 그리스 같은 나라는 제조업이 거의 없고, 영국은 많은 농산물을 필요로 하고, 노르웨이로부터는 비교적 저렴한 석유제품을 수입할 수 있으며, 러시아를 포함한 동유럽 국가들은 어쩌면 덴마크와 스웨덴보다 더 반자본주의적이다. 따라서 비록 두 나라의 현재 경쟁력이 예전보다 못하더라도 경제가 급격히 추락하는 일은 일어나지 않을 수 있다.[4] 이 점은 덴마크와 스웨덴의 미래에 긍정적으로 작용할 수 있는 추가적인 요인이다.

의 기능이 아니다. 즉 경제학은 복지국가 체제가 지속가능한 것이 아니라는 것을 설명해준다. 경제학은 시간적으로 언제, 어떻게 붕괴할 것인가를 예측하는 일에 도움을 주지는 않는다. 다만 여기에서는 경제학 이론을 토대로 언젠가 붕괴할 것이라는 점을 지적할 뿐이다.

4 러시아 대혁명 시점부터 계산하면 옛 소련 연방이 붕괴하는 데 대략 70년 이상이 걸렸음을 상기해보라. 하물며 직관적으로 볼 때 현재의 덴마크와 스웨덴은 옛 소련 연방보다 자본주의적 요소가 더 많은 것으로 여겨진다.

2

한국 복지제도의 개혁 방향

우리나라의 복지제도를 개혁하기 위한 방향을 검토하기 위해서는 현재의 복지제도 현황을 숙지할 필요가 있다. 우리나라의 현재 복지지출의 전모는 정확히 밝혀져 있지 않다. 그리고 복지주의자들마다 복지지출의 규모를 다르게 제시하고 있다. 여기에서는 양적인 측면에서보다는 질적인 측면에서 그리고 보편주의적 관점에서 복지의 규모를 대강이나마 살펴보고자 한다.

먼저 아이가 태어난다고 하자. 정부는 영아(0~2세)의 보육비용을 1인당 월 28~39만 원 지급한다. 소득 하위 15%까지 영아에게는 양육비 월 10~20만 원의 보조금을 주고 있다. 유아(3~6세)의 보육비용도 모두에게 지급한다. 이제 아이가 학교를 가게 된다. 초등학교는 무상으로 점심까지 제공한다. 중학교에서도 교육비용은 모두 무료이다. 고등학교는 자립형 사립고를 제외하면 비용이 들기는 하지만 크지 않다. 대학교는 국공립 대학은 등록금이 매우 저렴하고 최근에는 사립대학에도 많은 금액이 지원되고 있다. 영아 · 유아 등의 보육, 초등학교에서 고등학교까지, 의료 · 연금 등은 보편적 복지제도이거나 그와 유사하다고 할 수 있다. 노인연금은 월 12만 원을 지원하지만 소득과 자산에 대한 제한이 있다.

실업보조금은 매년 증가하는 추세이고 국민기초생활보호제도가 생활 능력이 없는 사람을 대상으로 연간 일정 액수를 지원한다.

공무원연금은 2002년에 기금이 고갈되었고 군인연금은 1973년에 기금이 고갈되었기 때문에 세금으로 연금을 주고 있다. 그 액수는 2009년 한 해만 약 2조 9천억 원이 지급되었다. 국민연금은 고갈을 예방하기 위하여 매년 5천~6천억 원을 세금으로 보충해 주고 있다. 사학연금도 2009년 한 해만도 약 5천 7백억 원을 지원받았다. 4대 연금이 2009년 한 해만 세금으로 지원받은 액수가 약 3조 9천 7백억 원으로서 총조세부담액의 1.89%에 이른다. 현재의 추세대로라면 4대 연금에 지원하는 액수는 지속될 것이고 증대할 공산이 크다. 연금의 적자가 이미 구조화되었거나 머지 않은 장래에 예상되는 것이기 때문이다.

건강보험은 최근 매년 적자를 내고 그만큼 재정에서 지원을 받고 있다. 정부가 세금으로 국민건강관리공단에 지원한 금액은 2002년 3조 677억 원이고 이후에 매년 증가하여 2011년에 5조 5,536억 원에 이르렀다. 2011년 정부지원금은 같은 해 국민건강관리공단 수입인 42조 6161억 원의 약 13%에 이른다. 정부가 건강보험의 적자를 보전해주는 금액은 향후에 더 증가할 가능성이 크다. 고령화가 급속하게 진행되고 있을 뿐 아니라 여론의 압력으로 보험의 대상범위를 지속적으로 확대하고 있기 때문이다.

보험재정의 압박은 의료 산업의 사회주의화를 촉진하고 그것은 장기적으로 의료 산업의 경쟁력을 떨어뜨릴 것이다. 예를 들어 의료 수가의 규제로 수가가 통제되지 않는 곳으로 의료 인력이 배분되면서 몇몇 진료 과목에서는 의사들이 턱없이 부족해지고 있다. 그런 곳에서는 분명 여러 가지 문제가 발생하고 있을 것이다. 약국도 약가가 통제되면서 늦은 저녁이나 공휴일에는 영업을 하지 않는 약국이 늘고 있기 때문에 소비자들은 점점 더 필요한 약을 구하기가 어려워지고 있는 것이 현실이다. 물론 앞에서 제시한 복지정책이나 제도는 현재 시행되고 있는 것 중에서 중요한 것만 포함한 것이다. 그 점에서 부정확하다고 하겠다.

앞에서 지적했듯이 우리나라의 복지제도를 덴마크와 스웨덴의 보편적 복지제도와 비교할 수는 없다. 그러나 한 가지 분명한 것은 우리 사회가 두 나라의 복지 수준에 도달하지는 않았지만 상당한 복지제도가 너무 깊이 우리 삶에 들어와서 영향을 미치고 있다는 것이다. 그리고 어떤 부문은 이미 우리 사회의 복지제도가 두 나라의 복지제도와 크게 다를 바가 없다는 사실이다. 고등학교까지의 교육 등이 그 예이다.

보편적 복지제도를 실천하기 위해서는 우리나라 경제가 양호해야 할 뿐 아니라 대부분의 사람이 취업을 해야 한다. 그것도 정규직으로 말이다. 여기에는 여성도 예외가 아니다. 그리고 보편적 복지를 위하여 소득을 벌어들이는 사람이면 누구라도 그 금액이 적더라도 세금을 반드시 내야 한다. 그러면 과연 우리나라 경제는 그럴 수 있는 상태인가? 약간의 구조 변경만 하면 그런 경제를 만들어낼 수 있는가?

우리의 사회 · 경제 현실은 어떤가? 공식 실업률은 낮지만 공식 청년실업률은 상당히 높다. 백수가 4백만 명이라는 비공식 통계가 있다. 그리고 자신의 힘으로 자신의 생계를 책임진다는 입장에서 실업률을 계산한다면 현재의 공식 실업률은 터무니없이 낮게 측정되고 있음을 알 수 있다. 10여 년 전에 비해 대학생은 재학기간이 남학생의 경우 약 1년, 여학생은 4개월 정도가 더 길어졌다. 취업이 어려워지면서 휴학하고 있는 대학생의 수가 100만 명이 넘는다. 취업을 한 경우에도 정규직 일자리는 조금이고 비정규직 일자리가 대종을 차지하고 있다. 2012년 8월 현재 1,773만 명의 임금 근로자 가운데 비정규직은 591만 명이다. 대학교 재수생도 약 15만 명 정도이다. 이 15만 명도 교육제도가 정상적이라면 발생하지 않을 것이다. 경위가 무엇이든 재수생도 일시적인 기간 동안은 실업자인 셈이다. 이런 것들은 모두 실업 통계에 반영되지 않는다. 대학 진학률이 너무 높아서 대학생의 재학기간이 길어지고 취업은 점점 더 어려워질 공산이 클 것으로 예상된다.

일자리를 갑자기 늘릴 수 없다는 것을 알았던 노무현 정부는 공무원을 대거 채용했다. 고용정책 중에서도 가장 나쁜 정책을 채택했던 것이다. 현재 정부의 재정적자도 작은 규모가 아니다. 재정위기가 올 정도는 아닌지 모르겠지만 말이다. 재정적자는 작을수록 좋다. 지방정부의 채무는 그 실상을 누구도 자세히 모른다. 개인들이 지고 있는 부채도 그 규모가 천문학적이다. 주택가격이 하락하면서 이제 '하우스 푸어'라는 말이 나오고 있다. 출산율은 저조하기로 세계적으로 선두에 속하고 이혼율과 자살률은 세계 1, 2위를 다툰다. 연일 대형 사건과 범죄가 발생하고 있는 것도 현실이다. 성폭력 같은 범죄도 연일 발생하고 있다. 우리나라는 더 이상 안전한 나라라고 보기 어렵다. 연금, 건강보험 재정 등에 큰 영향을 줄 것으로 예상되는 고령화의 정도도 세계적으로 가장 빠른 수준이다. 쌀시장을 보호하기 위하여 매년 낭비하고 있는 자원은 또 얼마인가? 농지가 부족한 나라에서 농민의 소득을 보전해 주기 위하여 경작지를 휴경하고 있는 면적은 얼마인가? 매년 의무적으로 수입하고 있는 쌀은 어떻게 처리되고 있는가를 알 수 없다. 교육에서 낭비하고 있는 자원은 또 얼마나 되는가? 학교폭력의 실상은 누구도 정확히 잘 모른다. 그러나 어린 학생은 연일 자살하거나 폭력에 시달리고 있다. 고등학교까지의 교육은 대학입시 위주의 교육으로서 문제가 작지 않다. 매년 적지 않은 인원이 어학 연수생으로 해외로 나가고 있다. 해외에서 교육을 받고 있는 학생의 수는 얼마인가? 대학입시를 위하여 사교육을 받는 연령은 점점 더 낮아지고 사교육비 지출은 가계의 재정을 크게 압박하고 있다. 사교육비를 벌기 위하여 전업주부가 일자리를 구하고 가정에서의 교육, 즉 가정교육은 점점 더 황폐화되고 있다. 교육에서 가정교육의 중요성을 생각한다면 우리 사회는 점점 더 나쁜 방향으로 가고 있다고밖에 여겨지지 않는다. 고급인력, 예를 들어 시간 강사의 실업은 그 정확한 실상을 알 수 없는 것이 현실이다. 전체 공기업의 총부채는 얼마나 되는가? 물가는 너무도 올라서 사람들의 삶을 위협하고 있다. 예를 들어, 1960년 무렵에 농심 라면의 가격은 10원 수준이었다. 지금 그 가격은 800~900원 수준에서 고급 라면이 1300~1400원 수준이다. 라면 가격은 지난 60여 년 만에 최소 약 80배에서 최대 140배까지 상승했다. 살인적인 물가상승이라고 하겠다. 그리고 지속적인 물가상승은 사람들의 행동을 왜곡시키고 있다. 예를 들어, 물가상승으로 정상적인 방법으로 이윤을 확보할 수 없는 기업, 자영업자 등은 품질이나 규격을 속이고 있다. 도시 아파트의 가격, 특히 수도권 일대의 아파트 가격은 너무 비싸기 때문에 지방 출신이 수도권 일대에 취업을 할 수 있는 가능성은 점점 더 낮아지고 있다. 그 결과 지방과 수도권 일대의 격차는 점점 더 고착되는 경향을 보이고 있다. 이대로 가면 수도권과 지방은 점점 더 다른 나라처럼 될 것이다. 지금도 상당히 그렇지만 말이다. 그 많은 공항 중에서 흑자를 내고 있는 공항은 2~3개뿐이다. 다른 공항은 모두 매년 적자를 내고 있는 것이 현실이다. 차량 통행이 거의 없는 도로와 교량(연륙교 포함)은 또 얼마나 되는가? 자영업자는 현재 약 580만이다. 이들 중 상당수는 정규직에서 밀려나서 어쩔 수 없이 자영업자가 된 사람이다. 그 규모를 정확히 알 수는 없지만 말이다. 군대 내부에서는 연일 구타와 폭력으로 사건과 사고가 잇따라 일어나고 있다. 그 결과 아들을 군대로 보내는 부모는 불안에 떨지 않을 수 없다. 음식점 등에서 식재료의 원산지를 속여 팔아 폭리를 취하는 경우가 언론매체에 연일 보도되고 있다. 정부에 의한 환율의 통제는 수출업자들에게는 보조금을 주고 수입업자와 잠재 수입업자에게는 세금을 부과하는 것이다. 그 결과 수입품을 구매하는 소비자는 환율을 통제하지 않을 때와 비교하여 높은 가격을 지불하지 않을 수 없다. 다시 말하면, 환율의 통제는 소비자로부터 수출업자로 소득을 이전하는 것이다. 수입이 금지된 일부 품목의 경우에 국산으로 속여 판매하면 이윤이 작지 않다. 그 결과 상당수 수입업자나 판매업자는 제품의 품질을 속이는 방법으로 영업을 하고 있다. 이런 일은 불필요하게 경찰과 수사 인력을 증대하게 만든다.

정치가와 공무원의 부정과 부패 사건은 연일 뉴스로 보도되고 있다. SSM규제, 대형 마트 등의 영업시간 규제, 각종 수입 제한 등은 또 어떤가? 한반도는 군사적 긴장으로 인해 우리나라의 군사비 지출은 세계 평균보다 훨씬 높다. 향후에 통일을 위한 비용은 얼마나 될 것이고 우리가 감당할 수 있겠는가? 엄청난 군사비에도 불구하고 강제 입대한 사병의 복지는 매우 열악하기 짝이 없다. 우리는 이미 여러 번 경제위기를 겪었다. 현재와 같은 경제운용 방식과 경제제도를 유지한다면 아마도 경제위기는 반복될 것이다. 만약 경제위기가 반복된다면 그때 한국 경제는 어떤 모습일까?

이런 모든 점을 종합할 때, 우리 사회가 추가적인 복지제도를 도입해야 한다고 주장하는 전문가, 정치가 등은 현실과 경제이론을 잘 모르는 사람이거나 복지 포퓰리즘에 빠진 선동가로 볼 수밖에 없다. 보편적 복지제도는 우리 사회가 나아가야 할 방향이 아니다. 복지국가 체제는 우리가 추구해야 할 이상이나 목표가 아니다. 정치가, 전문가 등은 사익을 위하여 공익을 오도하지 말아야 한다. 그리고 소득 불평등의 심화 같은 문제점이 대두하게 된 것은 앞에서 지적했듯이 자본주의를 포기하고 간섭주의와 사회주의를 채택했기 때문이다. 그러므로 더 많은 복지정책은 더 많은 간섭주의와 사회주의를 경제에 도입하는 것이다. 그리고 그 결과는 앞에서 이미 지적했다.

먼저 여기에서 구체적인 복지정책에 대해 언급하지 않더라도 앞 절에서 논의한 덴마크와 스웨덴의 복지국가 체제가 주는 교훈은 우리 사회에도 의미 있는 교훈이 될 것임을 지적하지 않을 수 없다. 그리고 여기에서는 구체적인 복지정책에 대한 개혁을 논의하기보다는 복지정책의 개혁 방향만을 제시하고자 한다.

최선의 복지정책은 우리가 자신의 능력으로 자신의 소득을 얻는 것이다. 차선은 천재지변 같은 예외적인 경우에 한해서 약간의 복지정책을 실행하는 것이다. 보편적 복지정책은 단기적으로는 복지정책으로 혜택을 보는 사람에게 도움을 줄 것이다. 그것도 일부의 사람만 일시적으로만 말이다. 그러나 복지정책으로 인하여 경제 내의 자원이 복지로 배분되기 때문에 다른 곳에서 자원이 부족하게 된다. 복지정책의 시행을 위한 공무원의 증가, 자원 징수 비용의 발생과 증대, 세금 회피 비용의 발생과 증대 등은 복지정책을 시행하지 않을 때와 비교하면 복지정책으로 경제는 위축된다. 결국 복지정책은 장기적으로는 복지정책의 목적을 달성할 수 없다. 복지를 위한 자원이 점점 더 고갈될 것이기 때문이다. 이 점이 북부 유럽 국가가 보편적 복지국가 체제를 유지할 수 없는 근본적인 이유이다. 그러므로 복지정책은 악순환으로 들어가는 입구이다. 그리고 현실에서 우리는 이미 보편적 복지정책을 상당 부분 시행하고 있다. 복지정책을 포함한 간섭주의와 사회주의의 시행으로 사실상 우리나라 경제도 많은 병폐와 구조적 문제점을 안고 있다. 무엇보다도 정부가 복지정책을 실행하면서, 복지의 대상인 경제적 빈곤자나 약자가 감소한 것이 아니라 오히려 증가해온 것이 정확한 실상이다.

우리가 진정으로 가난한 사람 · 장애인 · 노인 등, 경제적으로 어려움을 겪고 있거나 겪을 것으로 예상되는 사람을 돕고자 한다면 단기적으로는 오히려 복지체계 전체를 종합적으로 검토하고 불필요한 지출, 예를 들어 과다한 연금급여 · 연금 적자를 조세로 무한정 지원해주는 상황 등은 개혁해야 한다.[5] 장기적으로는 우리 사회의 간섭주의와 사회주의를 혁파하여 진정한 자본주의 또는 자유시장을 만들어야 할 것이다. 그렇게 할 때만이 가장 문제가 적은 건강하고 활기찬 경제를 유지할 수 있을 뿐 아니라 개인도 자신의 힘으로 자신의 생명과 재산을 보호하고 자유를 누릴 수 있을 것이다.

우리나라의 복지제도를 개혁하기 위해서는 먼저 자본주의가 한국 경제의 각종 모순을 발생하게 만든다는 잘못된 '믿음'을 분석하고 혁파해야 한다. 한국 경제의 각종 모순과 병폐는 각종 간섭주의와 사회주의 때문이다. 우리 모두가 이 점을 정확하게 인식하는 일이 우리나라 복지제도를 개혁하기 위한 가장 중요한 첫걸음이다.

5 자본주의 또는 자유시장 경제를 위하여 각종 제도를 개혁할 필요성도 분명히 존재한다. 예를 들어, 배임과 횡령을 엄격하게 다스리는 것이다. 그러나 이 글의 목적상 그런 제안은 생략한다.

참고문헌

김영범, "세계화와 복지국가의 구조변화: 스웨덴의 사례", 『스칸디나비아 연구』 제1호, 2000, pp. 143-178.

김영용 · 전용덕, 『시장경제의 이해』, 자유기업원, 1999.

김영용 외, 『헌법재판소 판례 연구』, 자유기업원, 2003.

김우택, "풍요와 가난의 갈림길: 북미와 남미, 스웨덴의 역사적 경험", 『제10기 하이에크 아카데미 강의노트』, 2007, pp. 1-29.

김이석, 『왜 다시 자유주의인가』, 한국경제연구원, 2010.

김인춘, "2차 대전 후 네덜란드와 덴마크의 복지국가와 생산체제", 『대한정치학회보』 제15집 제2호, 2007, pp. 299-331.

김주숙, "스웨덴의 가족정책 연구", 『스칸디나비아 연구』 제1권, 2000, pp. 237-274.

김태성 · 성경륭, 『복지국가론』, 나남출판, 2004.

민경국, 『자유주의 지혜』, 아카넷, 2007.

______, "스웨덴 복지모델과 한국경제에의 시사점", 자유기업원, CFE REPORT, No.1 (2006. 10. 19).

바스티아, 프레데릭, 『법』, 김정호 역, 자유기업원, 1997.

박양균, "공적연금, 민영화하자", 『정책제안』, 자유기업원, 2008.

백석인, "스웨덴의 노인복지제도와 정책", 『스칸디나비아 연구』 제7호, 2006, pp. 53-84.

샌드버그, 닐스에릭, 『스웨덴의 실패 이야기』, 공병호 역, 자유기업원, 1998.

송순재, 『위대한 평민을 기르는 덴마크 자유교육』, 민들레, 2010.

신광영, "스웨덴 공공부문 임금결정: 제도를 중심으로", 『스칸디나비아 연구』 제11호, 2010, pp. 65-80.

______, "덴마크의 유연안전성 모델", 『스칸디나비아 연구』 제10호, 2009, pp. 97-121.

신필균, 『복지국가 스웨덴: 국민의 집으로 가는 길』, 후마니타스, 2011.

______, "변화기의 스웨덴 노령연금", 『스칸디나비아 연구』 제7호, 2006, pp. 85-109.

심창학, "연금 및 실업보험을 통한 비정규직 근로자 사회보호", 『한국사회복지조사연구』 제22호, 2009, pp. 169-201.

안재욱 외, 『교육관계법 개정방향과 개정안』, 한국경제연구원, 2012.

양재진, "덴마크의 사회투자형 복지국가 건설", 제9차 고용노동시장 포럼, pp. 1-27, 한국노총중앙연구원, 2010. 12. 16.

올슨, 맨슈어, 『스웨덴의 복지 오로라는 얼마나 밝은가?』, 최광 · 이성규 옮김, 해남, 2014, Olson, Mancur, *How Bright are the Northern Lights?: Some Questions about Sweden*, Institute of Economic Research, Lund University, Sweden, 1990.

유모토 켄지 · 사토 요시히로, 『스웨덴 패러독스』, 박선영 역, 김영사, 2011.

이광찬, "스웨덴의 보건의료보장제도: 개혁고찰과 교훈", 『스칸디나비아 연구』 제3호, 2002, pp. 57-87.

이용하, 『국민연금 급여수준의 국제비교 연구』, 국민연금연구원 연구보고서, 2007-17, 2007.

이재율, "스웨덴 복지국가 모델의 형성과 위기", 계명대 『사회과학논총』, 제25권

1호, 2006, pp. 5-22.

이현우, "북구 노인의 노령연금 비교분석", 『스칸디나비아 연구』 제3호, 2002, pp. 89-108.

임양택, 『한국형 복지사회를 위한 청사진』, 한양대학교 출판부, 2011.

장선화, "1990년대 이후 스웨덴 적극적 노동시장정책의 변화", 『스칸디나비아 연구』 제12호, 2011, pp. 111-135.

전용덕, 『자발적 자선과 복지국가의 함정』, 자유기업원, 2011.

______, 『오스트리아 학파의 경기변동이론과 화폐와 금융제도』, 한국경제연구원, 2009a.

______, 『국제 금융위기와 신자유주의』, 한국경제연구원, 2009b.

______, "최저임금제 폐지하자", 『정책제안』, 자유기업원, 2008.

______, 『권리, 시장, 정부』, 대구대학교 출판부, 2006.

______, "의사와 환자에게 의료선택권을", 『정책제안』, 자유기업원, 2008.

전용덕 · 김학수, 『정책실패와 국제금융위기』, 한국경제연구원, 2009.

정승국, 『보건의료 시스템의 비교연구』, 한국노총 중앙연구원 연구총서, 2003.

정원호, "덴마크의 유연안전성 정책에 관한 고찰", 『EU학 연구』 제10권 2호, 2005, pp. 41-73.

주은선, "한국 복지 논쟁에 관한 소고", 『진보평론』 제50권, 2011, pp. 16-44.

______, "1990년대 스웨덴의 공적연금 개혁의 의미", 『스칸디나비아 연구』 제5권, 2004, pp. 239-272.

현진권, 『복지논쟁: 무엇이 문제이고 어디로 가야하나』, 자유기업원, 2011.

황진수, 『노인복지 정책론』, 한성대학교 출판부, 2005.

힐슨, 메리, 『노르딕 모델: 북유럽 복지국가의 꿈과 현실』, 주은선 · 김영미 역, 삼천리, 2010.

Abildgren Kim, "Consumer Prices in Denmark 1502-2007", *Scandinavian Economic History Review(SEHR)*, Vol. 56, No. 1, 2008, pp. 2-24.

Andersen Torben M., "Challenges to the Scandinavian Welfare Model", *European Journal of Political Economy*, Vol. 20, 2004, pp. 748-54.

Berggren, N., "Economic Freedom and Equality: Friends or Foes?" *Public Choice*, Vol. 100, 1999.

Berlin, Isaiah, 'Two Concepts of Liberty', I. Berlin, *Four Essays on Liberty*, Oxford University Press, 1969.

Broberg, Gunnar and Mattias Tyden, "Eugenics in Sweden: Efficient Care", in Gunnar Broberg and Nils Roll-Hansen ed. *Eugenics and the Welfare State: Sterilization Policy in Denmark, Sweden, Norway, and Finland*, East Lansing, Michigan: Michigan State University Press, 1996.

Callahan, Gene, *Economics for Real People: An Introduction to the Austrian School*, 2nd ed., Ludwig von Mises Institute, 2002.

Campbell, John L., John A. Hall, and Ove K. Pedersen, ed., *National Identity and the Varieties of Capitalism: The Danish Experience*, McGrill-Queen's University Press, 2006.

Carabini, Louis, "Bastiat's 'The Broken Window': A Critique", *Journal of Libertarian Studies*, Vol. 21, No. 4, 2007, pp. 151-155.

Christiansen, Niels Finn and Klaus Petersen, "The Dynamics of Social Solidarity: The Danish Welfare State, 1900-2000", *Scandinavian Journal of History*, Vol. 26, No. 3, 2001, pp. 177-196.

Claus Bjorn, "The Peasantry and Agrarian Reform in Denmark", *SEHR*, Vol. 25, 1977, pp. 117-37.

Fritzell, Johan, "Still different? Income distribution in the Nordic countries in a European comparison", ed. Mikko Kautto, Johan Fritzell, Bjorn Hvinden, Jon Kvist and Hannu Uusitalo, *Nordic Welfare States in the European Context*, London and New York: Routledge, 2001.

Glyn, Andrew, ed. *Social Democracy in Neoliberal Times*, Oxford University Press, 2001.

Haave, Per, "The Hospital Sector: A Four-Country Comparison of

Organisational and Political Development", Niels Finn Christiansen et al. ed., *The Nordic Model of Welfare: A Historical Reappraisal*, Copenhagen: Museum Tusculanum Press, 2006, pp. 215-242.

Hansen, Bent Sigurd, "Something Rotten in the State of Denmark: Eugenics and the Ascent of the Welfare State," in Gunnar Broberg and Nils Roll-Hansen ed. *Eugenics and the Welfare State: Sterilization Policy in Denmark, Sweden, Norway, and Finland*, East Lansing, Michigan: Michigan State University Press, 1996.

Hoppe, Hans-Hermann, *A Theory of Socialism and Capitalism*, Boston: Kluwer, 1989.

Hülsmann, Jörg Guido, "Introduction," in Ludwig von Mises, *Epistemological Problems of Economics*, Alabama: Ludwig von Mises Institute, 2003.

Iversen, Torben, "The Choices for Scandinavian Social Democracy in Comparative Perspective", edited by Andrew Glyn, *Social Democracy in Neoliberal Times: The Left and Economic Policy since 1980*, New York: Oxford University Press, 2001, pp. 253-275.

Johansen, Hans Christian, *The Danish Economy in the Twentieth Century*, Vroom Helm, London & Sydney, 1987.

Kjeldstad, Randi, "Gender policies and gender equality", edited by Kautto, Mikko, Johan Fritzell, Bjorn Hvinden, Jon Kvist and Hannu Uusitalo, *Nordic Welfare States in the European Context*, London and New York: Routledge, 2001.

Kjellberg, Anders, "The Swedish Unemployment Insurance-Will the Ghent System Survive?", *Transfer: European Review of Labour and Research*, Vol. 12, No. 87, 2006, pp. 87-98.

Korpi Walter and Joakim Palme, "The Paradox of Redistribution and Strategies of Equality: Welfare State Institutions, Inequality and Poverty in the Western Countries", *American Sociological Review*, LXIII, 1998, pp. 661-687.

Lash, Scott and John Urry, *The End of Organized Capitalism*, Madison:

University of Wisconsin Press, 1987.

Lee, Ch, "Sizing Up Downsizing, The Foundation of Economic Education, The Freeman", *Ideas on Liberty*, Vol. 48, No. 10, Oct. 1998.

Nils, Rolls-Hansen, "Conclusion: Scandinavian Eugenics in the International Context", in Gunnar Broberg and Nils Roll-Hansen ed. *Eugenics and the Welfare State: Sterilization Policy in Denmark, Sweden, Norway, and Finland*, East Lansing, Michigan: Michigan State University Press, 1996.

Kuhnle, Stein, "The Scandinavian Welfare State in the 1990s: Challenged but Viable", *West European Politics*, Vol. 23, Vo. 2, 2000, pp. 209-28.

Lundberg, Urban and Klas Amark, "Social Rights and Social Security: The Swedish Welfare State, 1900-2000", *Scandinavian Journal of History*, Vol. 26, pp. 157-176.

Madsen, Per Kongshoj, "덴마크의 활성화 정책", 『국제노동브리프』, 10·11·12월호, 2009, pp. 27-37.

______, "How can it Possible Fly? The Paradox of a Dynamic Labour Market in a Scandinavian Welfare State", edited by John A. Campell, John A. Hall and Ove K. Pedersen, *National Identity and the Varieties of Capitalism: The Danish Experience*, Copenhagen: McGill-Queen University Press, 2006, pp. 321-355.

______, "*The Danish Model of Flexicurity: Experiences and Lessons*", *Transfer*, Vol. 10, No. 2, pp. 188-207, 2004.

Mises, Ludwig von, *Human Action*, 4th ed., Fox & Wilkes, 1996, 민경국, 박종운 역, 『인간행동 I, II, III』, 지식을 만드는 지식, 2011.

______, *Theory and History*, The Ludwig von Mises Institute, Alabama, 2007.

______, *Theory of Money and Credit*, Alabama: Ludwig von Mises Institute, 1980.

OECD, *Employment Outlook*, Paris: OECD, 1999.

Petersen, Klaus and Klas Amark, "Old Age Pensions in the Nordic Countries, 1880-2000", Niels Finn Christiansen et al. ed., *The Nordic Model of*

Welfare: A Historical Reappraisal, Copenhagen: Museum Tusculanum Press, 2006, pp. 145-188.

Rothbard, Murray N., *Man, Economy, and State*, Ludwig von Mises Institute, 1993. 전용덕·김이석 역, 『인간, 경제, 국가』, 나남출판, 2006.

______, "*The Ethics of Liberty*", New York: New York University Press, 1983.

______, "*The Logic of Action I: Method*", *Money, and the Austrian School*, Edward Elgar Publishing, Inc., 1997.

______, *For a New Liberty: The Libertarian Manifesto*, 2nd ed., Auburn Alabama: Ludwig von Mises Institute, 2006.

______, *America's Great Depression*, Kansas City: Sheed and Ward, Inc., 1975.

______, "Eocnomic Determinism, Ideology, and the American Revolution", *The Libertarian Forum*, November, 1974, pp. 4-7.

______, *Power and Market*, Sheed Andrews and McMeel, Inc., 1970.

Scheuer, Steen, "Dilemmas of Collectivism: Danish Trade Union in the Twenty-First Century", *Journal of Labor Research*, 28, No. 2, 2007, pp. 233-254.

Scully, G. W., "Economic Freedom, Government Policy and Trade-Off Between Equity and Economic Growth", *Public Choice*, 2002, p. 113.

Stockholm International Peace Research Institute, "SIPRI Yearbook 2010: Armaments", *Disarmament and International Security*, Oxford University Press, 2011.

Sutton, Caroline, *Swedish Alcohol Discourse: Constructions of a Social problem*, Uppsala, 1998.

Timonen, Virpi, *Restructuring the Welfare State*, Edward Elgar, Northampton, MA, USA, 2003.

찾아보기

ㄱ

ㄴ

ㄷ

ㄹ

ㅁ

ㅇ

ㅈ

ㅊ